D1857997

Impressum:

Herausgeber:	Bayerischer Tennisverband e.V., München
© 1982 by	Verlag Sigi Land, München
Redaktion und Übersetzungen:	Theodor Mierzinsky, München
Texte:	Projektgruppe des Svenska Tennisförbundet, Stockholm Dr. Jakob Hacks, München Theodor Mierzinsky, München
Zeichnungen:	Projektgruppe des Svenska Tennisförbundet, Stockholm
Umschlagbild und Fotos:	Sigi Land, München
Gesamtherstellung:	Druck & Verlag Sigi Land 8000 München 19 · Ysenburgstraße 8

Printed in Germany

ISBN 3-9800711-0-3

Tennis

Wettkampf- und Turnierfibel

40:15 oder 30 beide?

TENNIS-WETTKAMPF- UND TURNIERFIBEL

Inhaltsverzeichnis

I n h a l t s v e r z e i c h n i s **Seite**

I n h a l t s v e r z e i c h n i s Seite

*)Nur gültig für Wettspiele, die nach den Wettspielbestimmungen des Bayerischen Tennisverbands e.V. ausgetragen werden!

EINFÜHRUNG

Freunde des Tennissports!

Ganz gleich, ob Sie eben erst beginnen, unseren weißen Sport auszuüben oder bereits seit Jahren spielen, eines Tages möchten Sie sich mit anderen Spielern unter Wettkampfbedingungen messen.

Dabei muß es noch garnicht um eine Meisterschaft gehen - vielleicht ist es nur der Wunsch nach Selbstbestätigung oder es winkt als Preis ein Bier, ein Schoppen Wein oder gar ein Fläschchen Sekt.

Wenn Sie aber den Ehrgeiz haben, Ihre Kräfte und Ihr Können, auch über den Zaun des eigenen Clubs oder des Mietplatzes hinaus, mit anderen zu messen, dann werden Sie sich bald unter jenen 20-30% begeisterten "Racketschwingern" befinden, die regelmäßig an Mannschaftswettkämpfen oder Einzelturnieren teilnehmen. Allein in Bayern hätten Sie sich im Jahre 1981 dabei mit ca. 50.000 "Tennisaktivisten" in bester Gesellschaft befunden.

Zum Wettkampfsport gehören natürlich auch beim Tennis - wie bei anderen Sportarten - bestimmte festgeschriebene und auch ungeschriebene Regeln und Bestimmungen, die zu einer ordnungsgemäßen Abwicklung der Spiele notwendig sind. Solche sind in entsprechenden Büchern oder Broschüren festgehalten und werden falls erforderlich von Jahr zu Jahr aktualisiert. Jeder Tennisclub ist gehalten, sie seinen Mitgliedern auf Wunsch in ausreichender Anzahl zur Verfügung zu stellen.

Erfahrungsgemäß machen leider nur allzu wenige Tennisjünger von diesem Angebot - aus welchen Gründen auch immer - Gebrauch und kommen so nur über eine Art "Rundsprechverfahren" mit den einschlägigen Regeln in Berührung und mitunter auch in Konflikt.

Aus derartigen Situationen entstehen dann häufiger Meinungsverschiedenheiten unter den Beteiligten - unglücklicherweise auch zusätzlich unter den im Grunde genommen Unbeteiligten und schließlich bleibt nur der Ruf nach einem "Schlichter", um Spielstand und Harmonie wieder herzustellen. Leider ist die im Tennissport für diesen Zweck vorgesehene Spezies - der "Schiedsrichter" - fast unter den aussterbenden Gattungen des Menschen einzureihen.

Dafür mag es eine ganze Reihe von zunächst recht einleuchtenden Gründen geben. Beim Vergleich mit anderen Sportarten oder bei Betrachtung der Entwicklung des Tennissports nach 1945 fast aus dem Nichts, stößt man leider auf eine allgemeine Zeiterscheinung. Die weit verbreitete Haltung "Wasch' mich, aber mach' mich ja nicht naß", ist wohl die wahre Ursache dieser Degenerationserscheinung.

Dieses nur zum Nachdenken; wenden wir uns einem der plausibleren Gründe zu:
Die geschriebenen Regeln und Bestimmungen sind leider nicht in allen ihren Formulierungen so leicht verständlich, wie es die Millionen Tennisspieler, die es heute gibt, als Kundendienst wohl erwarten dürften. Während es für andere Gesetze im Alltag auf den unterschiedlichsten Gebieten sogenannte Kommentare gibt, wurden in den "Tennisgesetzen" solche nur in sehr begrenztem Umfang hinzugefügt.

Die Ihnen vorliegende Tennisfibel soll, wie wir hoffen, dazu beitragen, diese Lücke zu schließen. Sie soll dabei, wenn möglich

- allen interessierten Tennisenthusiasten einen zusätzlichen Weg zum leichteren und auch besseren Verständnis von Regeln und Wettspielbestimmungen bieten.

- allen Interessenten auch die besondere Tätigkeit des Schiedsrichters wieder als eine notwendige und nützliche Ergänzung zum Wettkampfgeschehen noch näher bringen.

- bestimmten Interessenten im Bayerischen Tennisverband, oder anderen Landesverbänden, die ähnliche Pläne haben, zu den bereits für alle erhältlichen Unterlagen "ITF-Regeln und Verbands-Wettspielbestimmungen", ein weiteres Rüstzeug bieten, um erfolgreich die jeweils neu geschaffenen Zertifikate für "Club"- bzw. "Bezirks/Verbands-Schiedsrichter" durch eine entsprechende Prüfung erwerben zu können.

Wie Sie sehen, haben wir uns ein weitreichendes Ziel gesteckt; ein Ziel, von dem wir hoffen, daß wir es gemeinsam erreichen werden.

Gegebenenfalls bietet sich die Möglichkeit und der Anreiz für jeden geeigneten Interessenten, mit Hilfe eines entsprechenden Zertifikats auch bei anderen Clubs - auf Anforderung oder auf Veranlassung durch den Verband oder Bezirk - eingesetzt zu werden.

Als Fernziel wird dabei die Zusammenfassung der qualifizierten Schiedsrichter, z.B. in Bayern im Rahmen des Verbandes oder Bezirks angedacht, vorausgesetzt, daß sich genügend Interessenten melden und auch nach erfolgreich abgeschlossener Prüfung zur Verfügung stehen.

Ob wir schließlich eines Tages das einstige Ideal "kein Verbandsspiel ohne Schiedsrichter" wieder erreichen können, hängt sicherlich nunmehr auch von Ihnen ab.

Dem Schwedischen Tennisverband (Svenska Tennisförbundet) und dessen Vorsitzenden im dortigen Schiedsrichter- und Turnierleiterausschuß, Tage Ljunggren, stellvertretend für die Arbeit seines Teams, sei an dieser Stelle besonderer Dank für das Entgegenkommen ausgesprochen, uns wesentliche Teile dieser Unterlagen zur Verfügung zu stellen. Gleichermaßen Dank gebührt jedoch auch jenen ehrenamtlichen Mitarbeitern im Bayerischen Tennisverband, die uns bei der Auswahl und Zusammenstellung der Beiträge anregend und sehr sachkundig zur Hand gingen.

Allen Lesern für Ihre weitere Tennis-Laufbahn und allen Schiedsrichter-Aspiranten bei der Zertifikatsprüfung viel Erfolg!

München, den 1.4.1982 Theodor Mierzinsky

A SPIELSITUATIONEN

Die vorliegende Aufgabensammlung bietet dem Leser die Möglichkeit, mit Hilfe der in Kapitel A1 gezeigten Spielsituationen und Regelfälle und an Hand von entsprechenden Fragen, die zutreffenden Entscheidungen zu überdenken und gegebenenfalls zu erörtern. Zur Überprüfung seiner Antworten findet er in Kapitel A2 die zugehörigen Lösungen.

Die Sammlung erhebt keinen Anspruch auf Vollständigkeit. Sie wird jedoch in geeigneter Form bei der Abnahmeprüfung für Schiedsrichter-Zertifikate als Prüfungsmittel Verwendung finden. Daneben stehen in einigen Landesverbänden bereits heute diverse Tennis-Quiz-Fragebogen zur Verfügung.

Wie allgemein bekannt, werden die Tennisregeln der ITF jährlich überarbeitet, ergänzt und erscheinen sodann in aktueller Fassung, sowohl im Jahrbuch des Deutschen Tennis Bundes, als auch in den jeweiligen Bekanntmachungen der einzelnen Landesverbände. Daher wurde an dieser Stelle auf eine Wiedergabe bewußt verzichtet.

A1 Aufgaben/Fragen

Spielfeld, Maße, Ausrüstung Bild 1

Regel 1

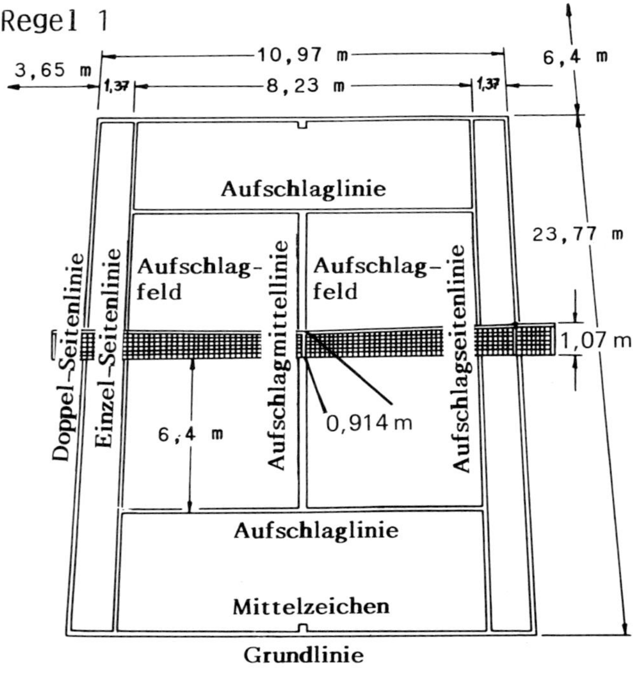

(1) Welche Teile der Ausrüstung und welche zugehörigen Maße sollte der Schiedsrichter vor einem Match überprüfen?

Spielfeld, Maße, Ausrüstung Bild 2

Regel 1

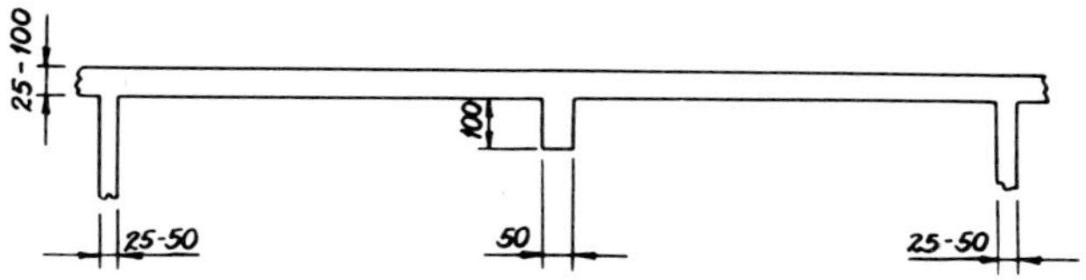

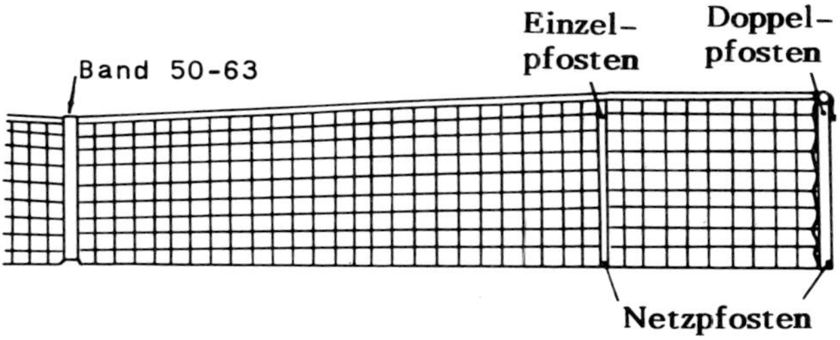

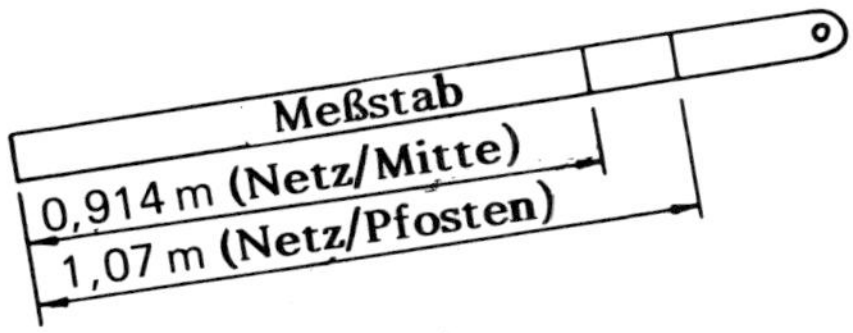

(2) Zeigen Sie anhand des vorliegenden Bildes, an welchen Stellen des Netzes, die unter der Meßlatte angegebenen Maße, vorkommen (beim Einzel- bzw. beim Doppelspiel)!

Ständige Einrichtungen; allgemein Bild 3

Regel 2

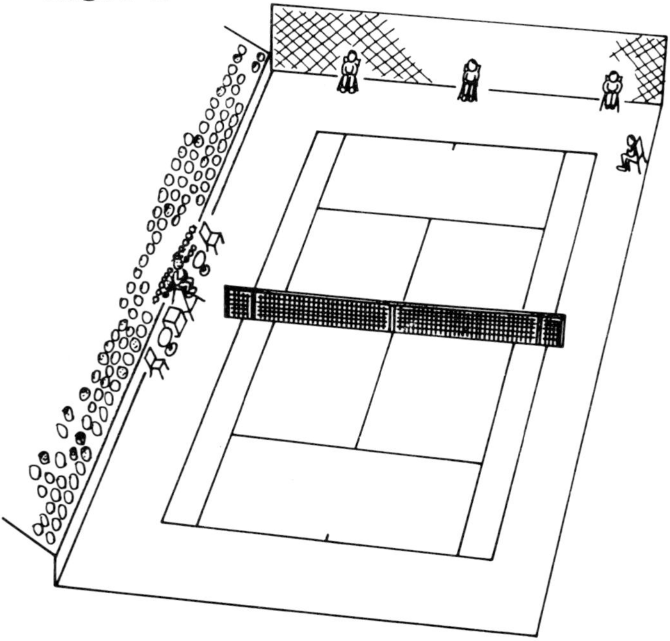

(3) In der Regel 10c wird der Begriff "ständige Einrichtung" genannt. Erläutere den Inhalt des Begriffs!

(4) Stelle alle Regeln zusammen, in welchen dieser Begriff ebenfalls vorkommt und gib die Gründe dafür an!

Ständige Einrichtungen Bild 4

Regel 2

(in der Halle)

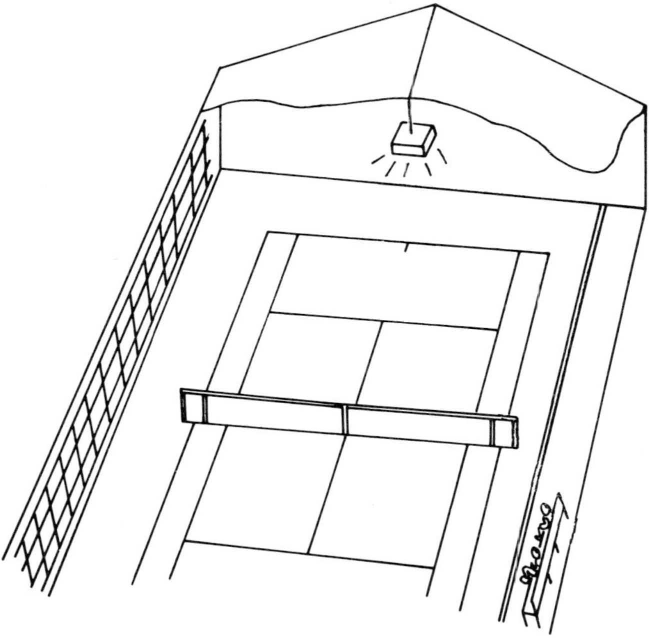

(3) In der Regel 10c wird der Begriff "ständige Einrichtung" genannt. Erläutere den Inhalt des Begriffs!

(4) Stelle alle Regeln zusammen, in welchen dieser Begriff ebenfalls vorkommt und gib die Gründe dafür an!

Aufschläger, Rückschläger Bild 5

Regel 5

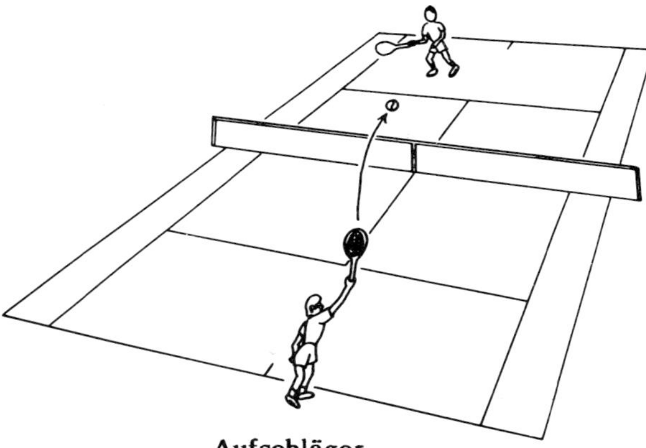

(5) Der Aufschläger verlangt, daß der Rückschläger **außerhalb** der sein Spielfeld begrenzenden Linien steht. Kann er das verlangen?

Aufschläger, Rückschläger Bild 6

Regel 5

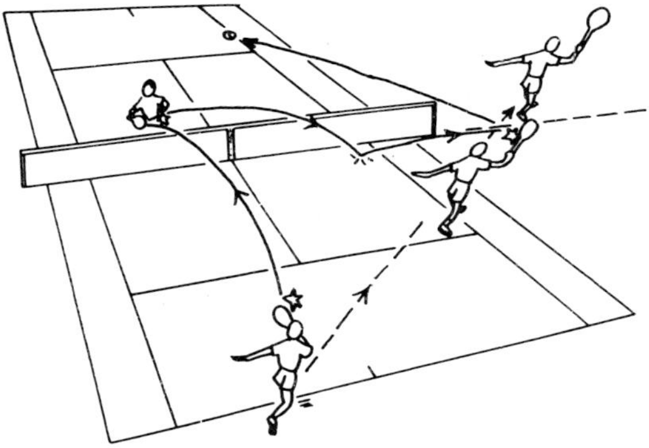

(6) Verliert ein Spieler den Punkt, wenn er bei der Ausführung des Schlages eine gedachte Linie in der Verlängerung des Netzes überschreitet

a) vor dem Treffen des Balls?

b) nach dem Treffen des Balls?

Aufschläger, Rückschläger Bild 7

Regel 5

(7) Der Aufschläger verlangt, daß der Rückschläger **innerhalb** der sein Spielfeld begrenzenden Linien steht. Kann er das verlangen?

Aufschlagwahl, Seitenwahl Bild 8

Regel 6a

Der die Wahl gewinnende Spieler kann wählen:

(8) Erläutere die verschiedenen Alternativen für den Spieler, der das Los gewonnen hat. Beschreibe kurz alle möglichen Kombinationen!

Aufschlagwahl, Seitenwahl Bild 9

Regel 6b

(8) Erläutere die verschiedenen Alternativen für den Spieler, der das Los gewonnen hat. Beschreibe kurz alle möglichen Kombinationen!

Aufschlag; Ausführung Bild 10

Regel 7

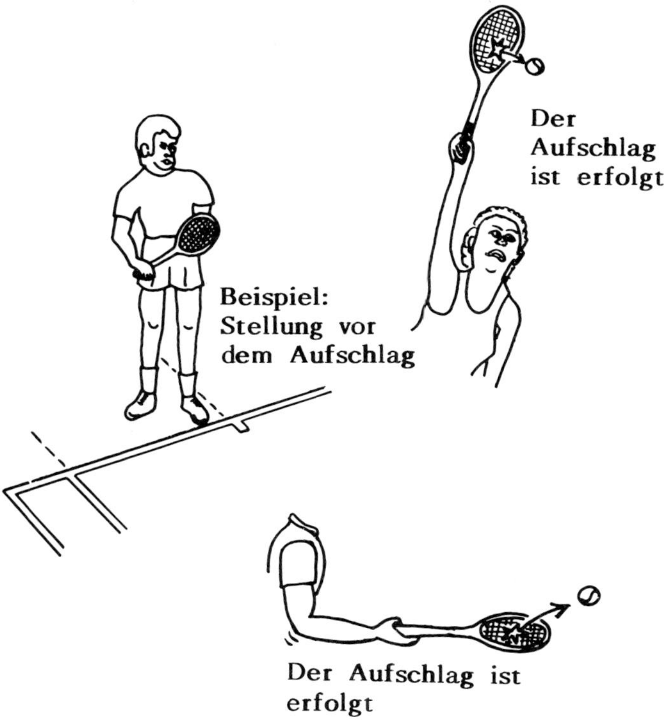

(9) Wann gilt der Aufschlag als erfolgt?

(10) Darf ein Spieler beim Aufschlag springen?

(11) Welche zwei Bedingungen muß der Aufschläger bei der Ausgangsstellung erfüllen?

Aufschlag Bild 11

Regel 7

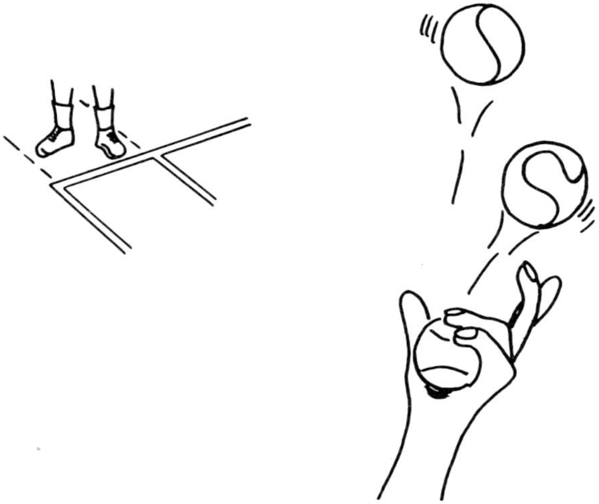

(12) Darf sich der Aufschläger in einem Einzelspiel beim Aufschlag hinter das zwischen den Seitenlinien des Einzel- und Doppelspielfeldes liegende Stück der Grundlinie stellen?

(13) Wenn ein Spieler beim Aufschlag statt einen Ball zwei oder mehr Bälle hochwirft, verliert er damit den Aufschlag?

Fußfehler; Beispiele Bild 12

Regel 8

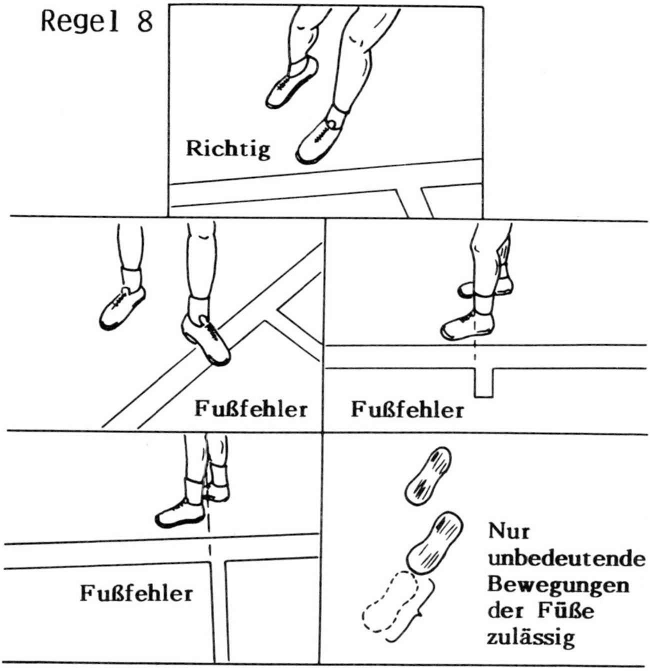

(10) Darf ein Spieler beim Aufschlag springen?

(14) Erläutere selbst den Begriff "unbedeutende Bewegungen der Füße" an Hand von Beispielen!

(15) Ist es richtig vom Schiedsrichter, "Fußfehler" zu rufen, bevor der Spieler mit dem Schläger den Ball berührt hat? Erläutere die Antwort!

(16) Beschreibe drei Fälle von Fußfehlern!

Fußfehler; Mittelzeichen, Seitenlinien

Bild 13

Regel 8

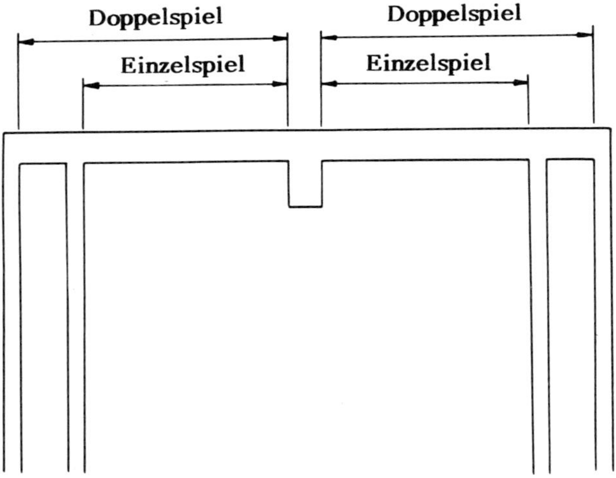

(16) Beschreibe drei Fälle von Fußfehlern!

Aufschlag; Wechsel der Position an der Grundlinie

Bild 14

Regel 9

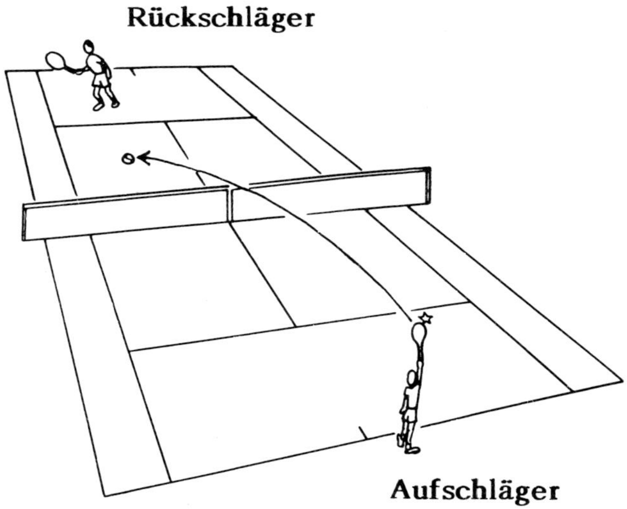

(17) Stelle die Regeln zusammen, wie Irrtümer bei der Aufschlag- bzw. Rückschlagreihenfolge, bei Aufschlag von der falschen Hälfte der Grundlinie aus und beim Seitenwechsel korrigiert werden. Gib Beispiele bei verschiedenen Punkt- und Spielständen!

Aufschlag; Bild 15

Wechsel der Position vergessen

Regel 9a

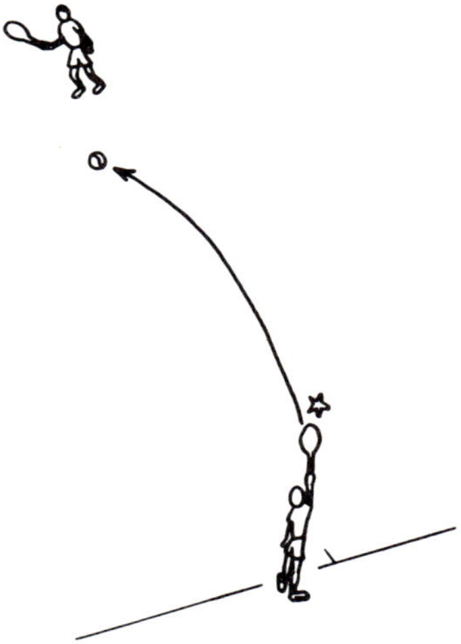

("30 beide" ?)

(17) Stelle die Regeln zusammen, wie Irrtümer bei der Aufschlag- bzw. Rückschlagreihenfolge, bei Aufschlag von der falschen Hälfte der Grundlinie aus und beim Seitenwechsel korrigiert werden. Gib Beispiele bei verschiedenen Punkt- und Spielständen!

Aufschlagfehler

Bild 16

Regel 10b,c

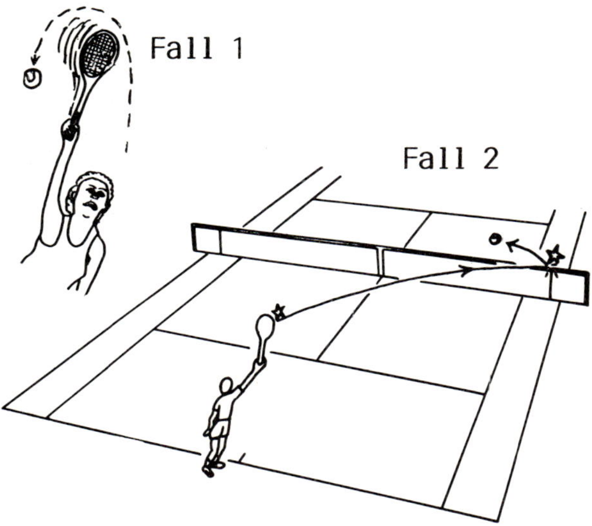

(3) In der Regel 10c wird der Begriff "ständige Einrichtung" genannt. Erläutere den Inhalt des Begriffs!

(18) Hat der Aufschläger das Recht auf einen weiteren Aufschlagball, wenn er beim 2.Aufschlag beim Schlagen den Ball verfehlt? Begründung?

(19) Erläutere mit eigenen Worten, warum der Aufschlag im Fall 2 ein Fehler ist. Begründe dieses vollständig!

Spielbereitschaft **Bild 17**

Regel 12

Der Aufschläger soll nicht aufschlagen, bevor der Rückschläger bereit ist

(20) Gib Beispiele an, wann der Rückschläger auf Grund der Regeln als nicht spielbereit anzusehen ist! Beschreibe auch Fälle, in welchen der Rückschläger behauptet, nicht spielbereit gewesen zu sein und der Schiedsrichter dennoch gegen ihn entscheiden muß!

(21) Erläutere, inwieweit die Spieler - Aufschläger ·e Rückschläger - auf Grund der Regeln daran ·ert sind, nachträglich eine Wiederholung beim zu verlangen, da "nicht fertig", "dachte ·i gestört gewesen" etc.!

Wiederholungen   Bild 18

Regel 13

Fall 1

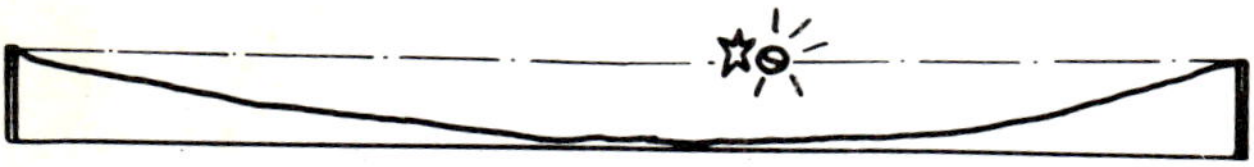

Fall 2

(22) Ein Aufschlag ist aus einem anderen als den in Regel 14 beschriebenen Anlässen unterbrochen worden (siehe Fall 1). Soll nur der eine Aufschlagball wiederholt werden?

(23) Wenn ein im Spiel befindlicher Ball entzwei bricht oder platzt, soll dann der Punkt wiederholt werden?

(24) Wenn der Schiedsrichter außerstande ist, den 2.Aufschlagball zu entscheiden, ist dann der Punkt oder nur der Ball zu wiederholen?

Bild 19

Ungültiger Aufschlag

Regel 14a

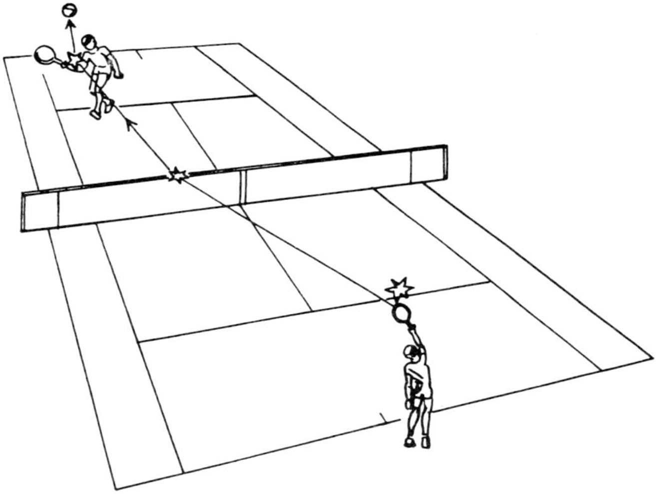

(25) Welche Entscheidung ist zu treffen, wenn der aufgeschlagene Ball, bevor er den Boden berührt, nach Berührung des Netzes, der Netzeinfassung oder des Netzhalters den Rückschläger oder irgend etwas trifft, was dieser an sich hat oder trägt ?

Punkt Bild 20
für den Aufschläger
Regel 18a

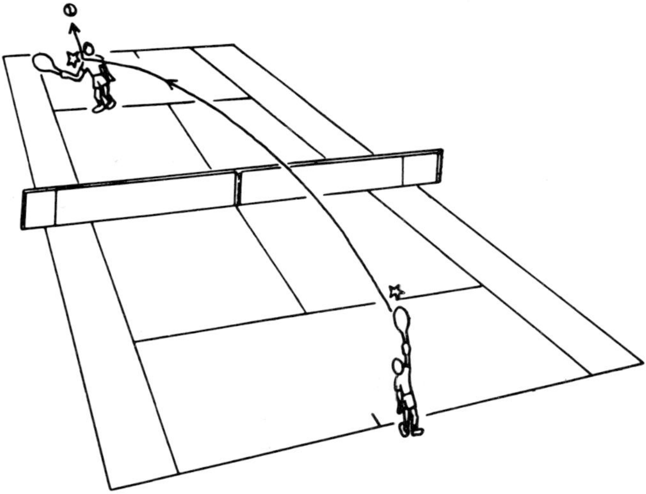

(26.) Welche Entscheidung ist zu treffen, wenn der aufgeschlagene Ball, soweit er kein Wiederholungsball nach Regel 14 ist, den Rückschläger oder irgend einen Gegenstand, den dieser trägt oder hält, berührt, bevor er den Boden trifft?

Punktverlust Bild 21

Regel 20a,b

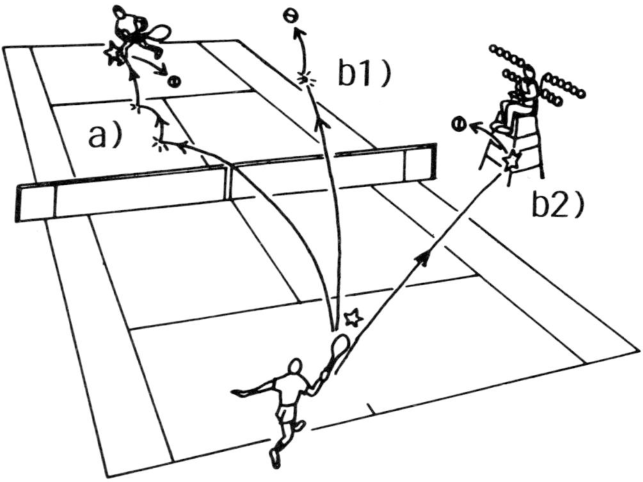

(27) Begründe mit eigenen Worten, warum ein Spieler gemäß Regel 20a,b den Punkt verliert. Lies zunächst die betreffenden Abschnitte durch und studiere anschließend die Bilder!

Punktverlust Bild 22

Regel 20c,d

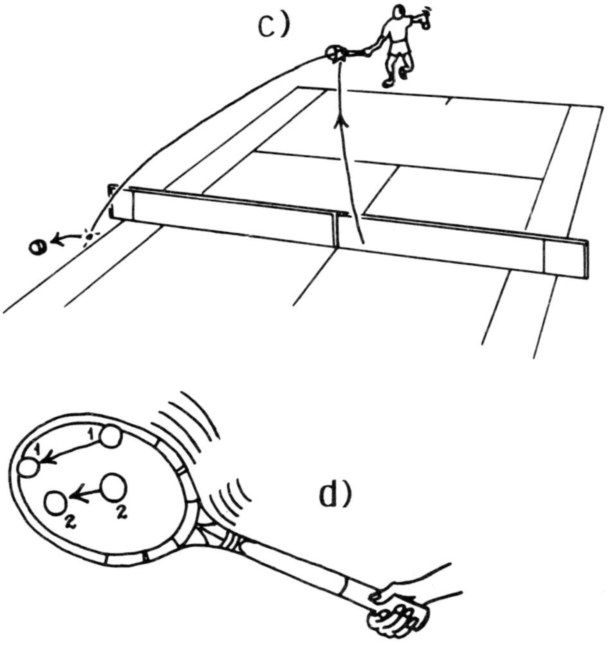

(28) Begründe mit eigenen Worten, warum ein Spieler gemäß Regel 20c,d den Punkt verliert. Lies zunächst die betreffenden Abschnitte durch und studiere anschließend die Bilder!

Punktverlust Bild 23

Regel 20e,f

e)

f)

(29) Begründe mit eigenen Worten, warum ein Spieler gemäß Regel 20e,f den Punkt verliert. Lies zunächst die betreffenden Abschnitte durch und studiere anschließend die Bilder!

Punktverlust Bild 24

Regel 20g,h

g)

h)

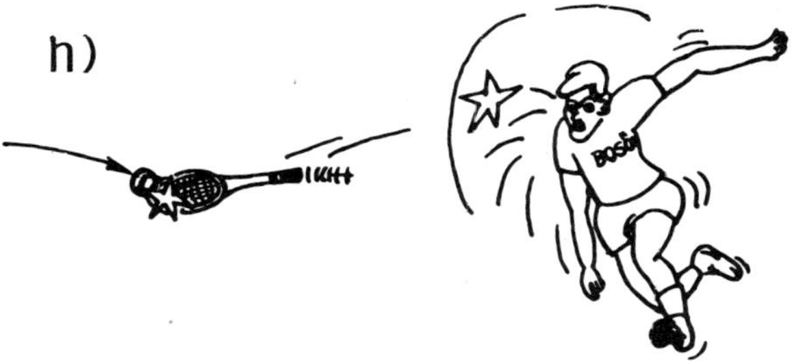

(30) Begründe mit eigenen Worten, warum ein Spieler gemäß Regel 20g,h den Punkt verliert. Lies zunächst die betreffenden Abschnitte durch und studiere anschließend die Bilder!

Punktverlust Bild 25

Regel 20e

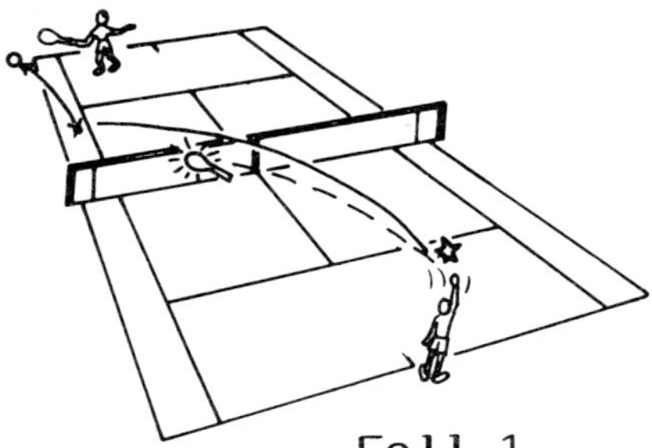

Fall 1

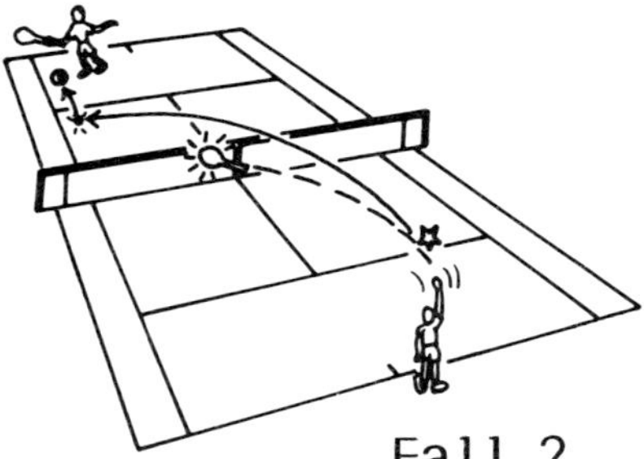

Fall 2

(31) Bei der Ausführung eines ersten Aufschlags, welcher außerhalb des richtigen Feldes aufspringt, gleitet dem Aufschläger der Schläger aus der Hand und fliegt ins Netz. Verliert er damit den Punkt?

(32) Beim Aufschlag fliegt der Schläger aus der Hand des Aufschlägers und berührt das Netz, bevor der Ball aufgesprungen ist. Ist dies ein Fehler oder verliert der Aufschläger den Punkt?

Punktverlust Bild 26

Regel 20e

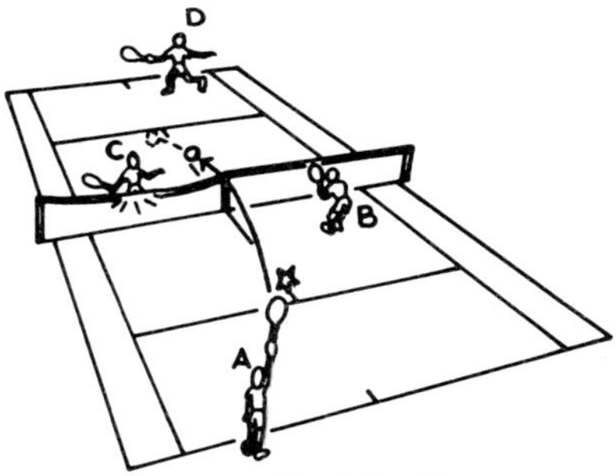

Fall 3

Fall 4

(33) A und B spielen gegen C und D. A schlägt gegen D auf. C berührt das Netz, bevor der Ball den Boden berührt. Da der Aufschlag als Fehler außerhalb des Aufschlagfeldes aufspringt, wird auf "Fehler" entschieden. Ist diese Entscheidung richtig oder verlieren C und D den Punkt?

(34) Darf ein Spieler über das Netz in das Feld seines Gegners springen, während der Ball im Spiel ist, ohne dafür geahndet zu werden?

Punktverlust

Bild 27

Regel 20e,h;g

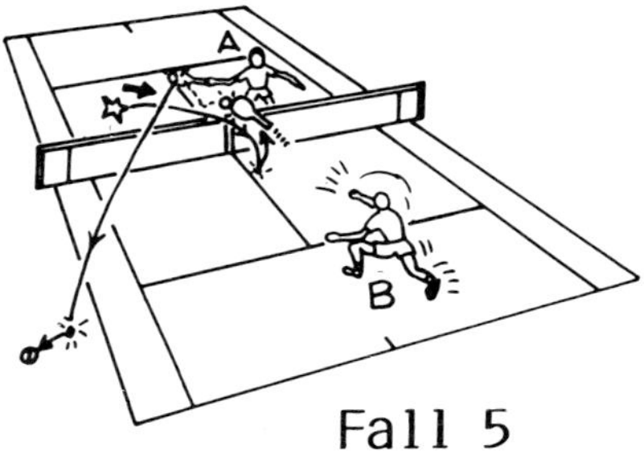

Fall 5

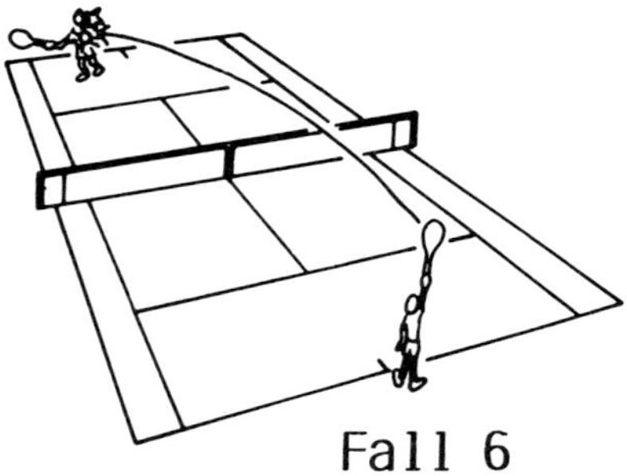

Fall 6

(35) A spielt einen geschnittenen Ball knapp über das Netz, so daß dieser von selbst über das Netz auf die Seite von A zurückspringt. B, außerstande, den Ball zu erreichen, wirft seinen Schläger nach dem Ball und trifft ihn. Sowohl der Schläger als auch der Ball fliegen über das Netz in das Feld von A. A schlägt den Ball zurück, aber ins "Aus". Gewinnt oder verliert B den Punkt?

(36) Ein Spieler, außerhalb des Aufschlagfeldes stehend, wird von einem Aufschlagball getroffen, bevor dieser den Boden berührt hat. Verliert oder gewinnt er den Punkt?

Punktverlust

Bild 28

Regel 20g,c

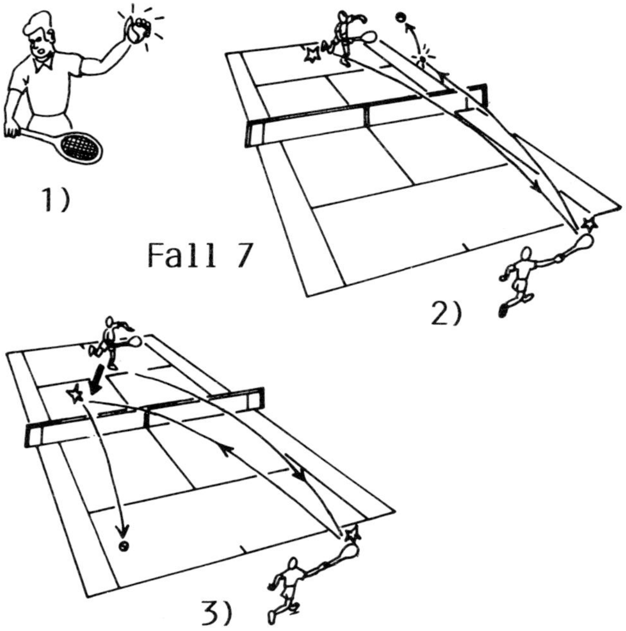

(37) Ein Spieler, außerhalb des Platzes stehend, schlägt den Ball als Flugball oder fängt ihn in seiner Hand und beansprucht den Punkt, weil der Ball klar ausgegangen wäre. Wie ist in den dargestellten Fällen 1) bis 3) jeweils zu entscheiden?

Behinderung des Gegners Bild 29

Regel 21

Fall 1

Fall 2

(38) Kann ein Spieler einen Nachteil haben, wenn er in Ausführung seines Schlages seinen Gegner berührt?

(39) Wenn ein Ball rückwärts über das Netz zurückspringt, der Spieler deshalb über das Netz reicht, um ihn zu spielen, wie ist dann in dem Fall zu entscheiden, wenn der Spieler dabei von seinem Gegner behindert wird?

(40) Kann ein Spieler sich durch einen unbeabsichtigten Doppelschlag seines Gegners im Sinne der Regel 21 behindert fühlen?

Linienball

Bild 30

Regel 22

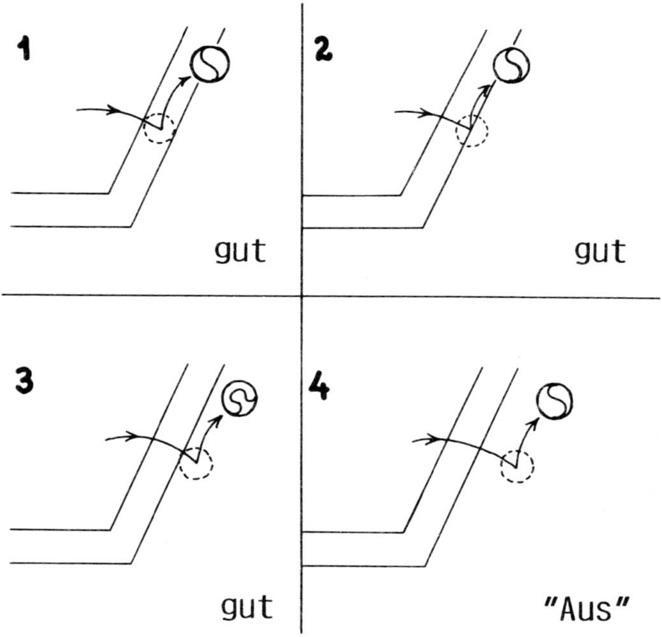

(41) Studiere die Regel und die "Psychologie des Linienkratzers". Erörtere die Problematik: "Ball berührt die Linie - Ball berührt die Linie nicht!"

(42) Erörtere die Technik des Schiedsrichters im Falle der Entscheidung von schnellen und flach abrutschenden Aufschlagbällen!

Ball berührt eine "ständige Einrichtung" — Bild 31

Regel 23

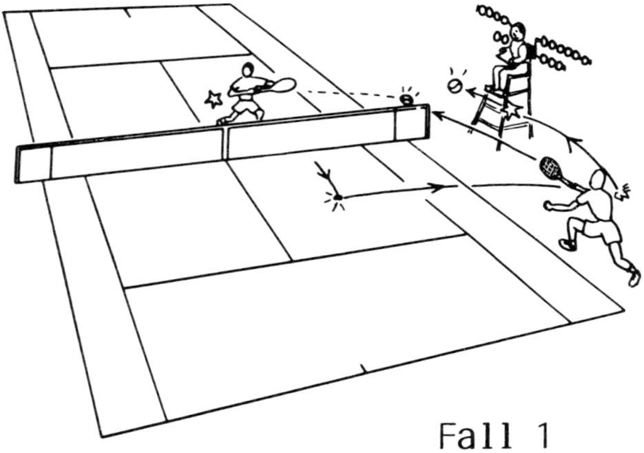

Fall 1

(43) Ein Rückschlag trifft den Schiedsrichter, den Schiedsrichterstuhl oder die Tribüne, wobei der betreffende Spieler sich darauf beruft, daß der Ball in das richtige Feld gesprungen ist. Hat er den Punkt gewonnen oder verloren?

Guter Rückschlag Bild 32

Regel 24a,b

a)

b)

(3) In der Regel 10c wird der Begriff "ständige Einrichtung" genannt. Erläutere den Inhalt des Begriffs!

(44) Stelle die verschiedenen Alternativen in der Regel 24a,b zusammen und erörtere, nachdem Du Dir Regel und Bilder angesehen hast, die sich daraus ergebenden Gesichtspunkte!

Guter Rückschlag Bild 33

Regel 24c,d,e1,e2

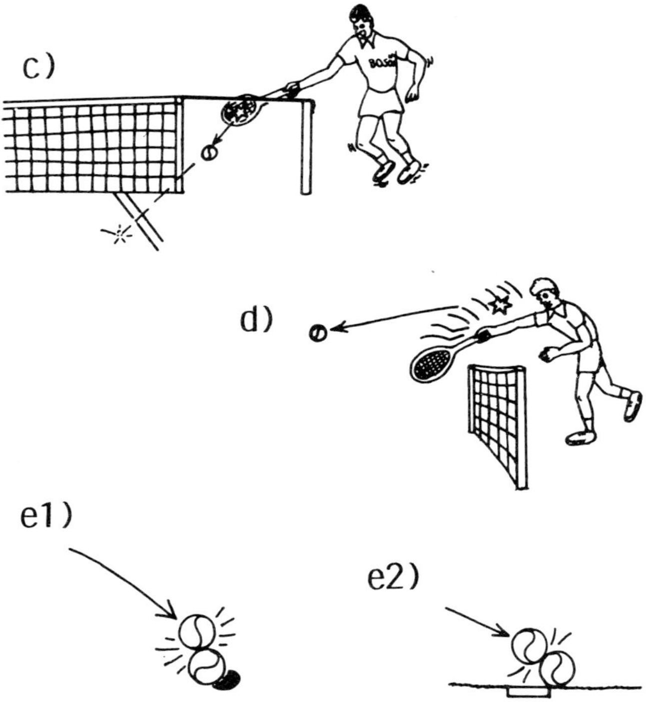

(45) Stelle die verschiedenen Alternativen in der Regel 24c,d,e zusammen und erörtere, nachdem Du Dir Regel und Bilder angesehen hast, die sich daraus ergebenden Gesichtspunkte!

Guter Rückschlag Bild 34

Regel 24a, e, (10c)

Fall 1

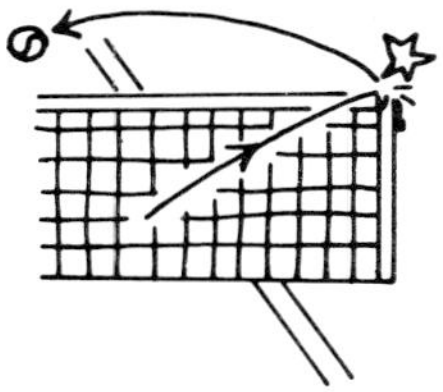

Fall 2

Fall 3

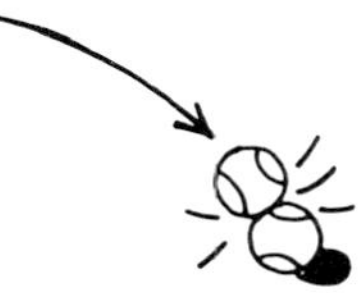

(46) Ein Ball fliegt aus dem Platz, trifft dann den Netzpfosten und springt in das gültige Feld des Gegners. Zählt der Schlag als gut?

(47) Gilt ein Rückschlag als gut, wenn ein Spieler beim Schlagen des Balls den Schläger in beiden Händen hält?

(48) Der Aufschlagball oder ein im Spiel befindlicher Ball trifft einen im Spielfeld liegenden Ball. Ist der Punkt dadurch gewonnen oder verloren?

Guter Rückschlag Bild 35

Regel 24

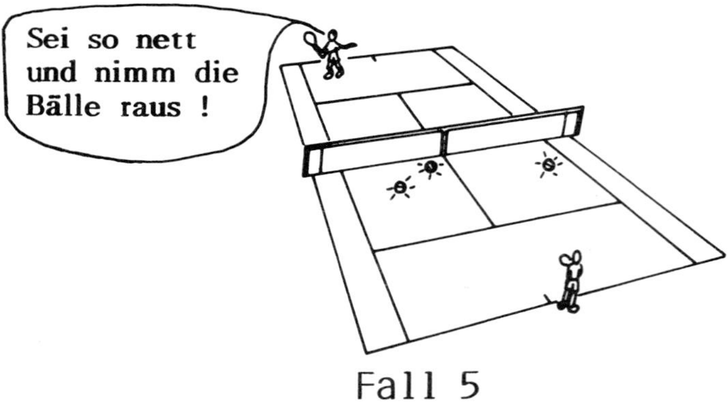

(49) Darf ein Spieler irgendwann im Spiel mehr als einen Schläger gleichzeitig benutzen?

(50) Kann ein Spieler die Entfernung eines im Spielfeld seines Gegners liegenden Balles (oder Bällen) fordern?

Behinderung Bild 36

Regel 25

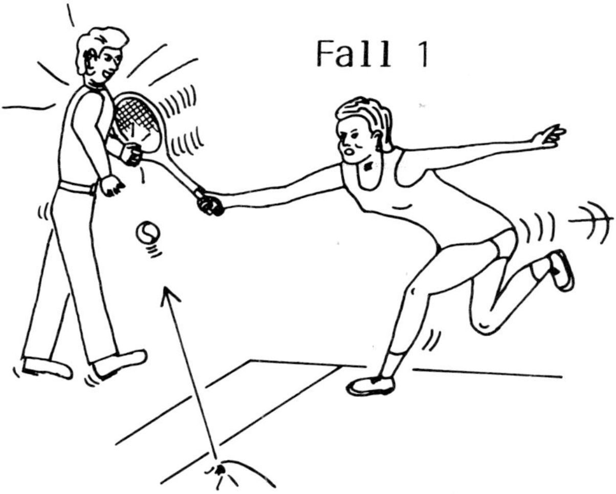

Fall 7

(3) In der Regel 10c wird der Begriff "ständige Einrichtung" genannt. Erläutere den Inhalt des Begriffs!

(51) Ein Zuschauer gerät einem Spieler in den Weg, so daß dieser den Ball verfehlt. Kann der Spieler Wiederholung des Punktes beanspruchen?

(52) Gilt der Schlag als gut, wenn der Ball einen stationären oder beweglichen Gegenstand auf dem Platz berührt hat?

Behinderung Bild 37

Regel 25

(53) Gilt ein Schlag als gut, wenn ein Ball einen anderen in der Luft befindlichen Ball trifft?

(54) Wenn der erste Aufschlag ein Fehler war, irgendwo abprallt und den Rückschläger während des zweiten Aufschlags stört, kann der Rückschläger eine Wiederholung des Punktes beanspruchen?

Regel 31

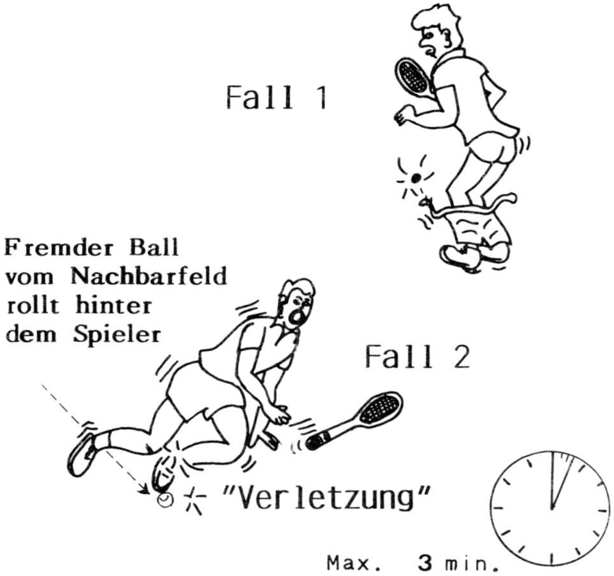

(55) Die Kleidung, Fußbekleidung oder Ausrüstung (ausgenommen der Schläger) eines Spielers gerät derart in Unordnung, daß es unmöglich oder unerwünscht für ihn ist, weiterzuspielen. Kann das Spiel unterbrochen werden, derweil der Zustand behoben wird?

(56) Ist, wenn ein Spieler infolge eines Unglücksfalles außerstande ist, unmittelbar weiterzuspielen, eine begrenzte Zeitdauer für die Unterbrechung des Spiels erlaubt?

(57) Darf während eines Doppels, während der Ball im Spiel ist, einer der vier Spieler das Spielfeld verlassen?

Reihenfolge beim Aufschlag Bild 39

- Doppelspiel -

Regel 36

Fall 1

(58) Wenn in einem Doppel ein Spieler nicht rechtzeitig zum Spiel erscheint, kann sein Partner die Erlaubnis beanspruchen, allein gegen das gegnerische Paar zu spielen?

Reihenfolge beim Rückschlag Bild 40

- Doppelspiel -

Regel 37

Fall 1

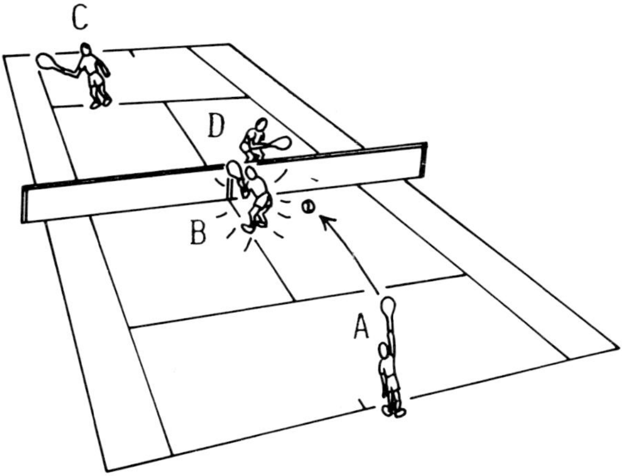

(59) Ist es im Doppel dem Partner des Aufschlägers erlaubt, so zu stehen, daß er dem Rückschläger die Sicht versperrt oder beeinträchtigt?

Aufschlagfehler Bild 41

- Doppelspiel -

Regel 40

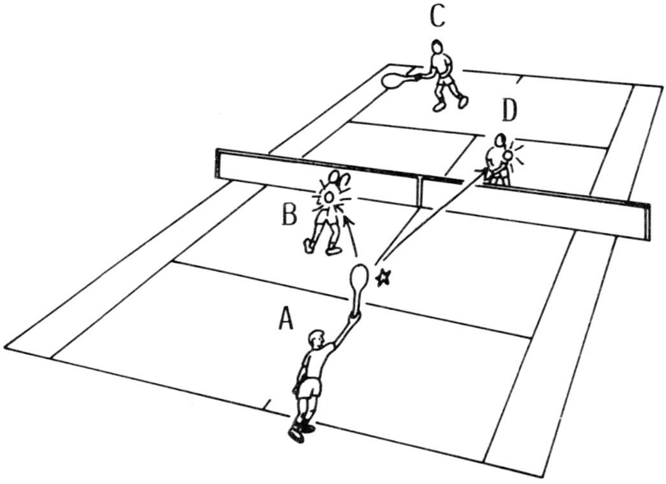

(60) Studiere die Regel und das Bild. Erörtere die Bilddarstellung und stelle fest, in welchen Fällen der Spieler den Punkt gewinnt!

(61) Stelle einige Fälle zusammen, in welchen der **Ball** wiederholt werden muß und andere Fälle, in denen der **Punkt** wiederholt werden muß!

(62) Wie legst Du aus Deiner Sicht die "Beratungsregel" aus? Erlaubt die Regel dem Mannschaftsführer ein beliebiges Kommen und Gehen, um dem Spieler Ratschläge zu geben?

(63) Wann kann ein Spieler/eine Spielerin eine Pause von 10 Minuten beanspruchen?

(64) Wie lange dauert die Pause bei einem Seitenwechsel? Erörtere Maßnahmen des Schiedsrichters, um vorzubeugen, daß die Zeit nicht überschritten wird bzw. Maßnahmen, falls die Zeit von einem Spieler doch überschritten wird!

(65) Für den Wechsel der Bälle gibt es in den Tennisregeln keine Festlegungen mit Ausnahme der Hinweise in Reg.27, b)5 und in Regel 33. Stelle die entsprechenden Abschnitte aus den Wettspielbestimmungen des Deutschen Tennis Bundes und Deines Landesverbandes zusammen!

(66) Ein Spieler macht einen fehlerhaften Rückschlag. Da dies nicht sofort beanstandet wird, bleibt der Ball im Spiel. Darf sein Gegner nach Beendigung des Ballwechsels den Punkt für sich beanspruchen?

A2 Lösungen, Antworten

(1) Netz, Netzhalter, Netzband, Netzeinfassung und Netzpfosten (inkl. Einzelstützen) sowie das Vorhandensein von Stühlen für Schieds- und Hilfsrichter. Wichtige Maße: Netzhöhe (Mitte) und Abstand der Einzelstützen von der Seitenlinie des Einzelspielfeldes nach außen 91,4 cm; Höhe der Einzelstütze bzw. des Netzpfostens 107 cm.

(2) Maß 91,4 cm entspricht der Netzhöhe in der Mitte, sowie dem Abstand der Einzelstütze von der Einzelseitenlinie nach außen bzw. des Netzpfostens von der Doppelseitenlinie nach außen. Maß 107 cm entspricht der Höhe sowohl der Einzelstütze als auch des Netzpfostens.

(3) Als ständige Einrichtungen des Platzes gelten nicht nur das Netz, die Pfosten, das Seil oder das Metallkabel, die Netzeinfassung und der Netzhalter, sondern auch, sofern vorhanden, die hintere und seitliche Einzäunung, die Tribünen, die festen und beweglichen Sitze und Stühle rund um das Spielfeld mit deren Inhabern sowie alle anderen festen Einrichtungen ringsum oder über dem Spielfeld. Das Gleiche trifft auch für den Schiedsrichter, die Linienrichter, Fußfehlerrichter, Netzrichter und Balljungen zu, sofern sie sich auf ihren entsprechenden Plätzen befinden. Im Sinne dieser Regel schließt das Wort "Schiedsrichter" außer diesem auch diejenigen Personen ein, welche ihm als dafür bestimmte Helfer bei der Durchführung des Spiels behilflich sind und Personen, die zu einem Sitz auf dem Platz berechtigt sind.

(4) Folgende Regeln sind betroffen:

Reg.10c: Wenn der Aufschlagball eine ständige Einrichtung trifft, mit Ausnahme des Netzes, der Netzeinfassung oder des Netzhalters, so gilt der Aufschlag als Fehler.

Reg.14a: Wiederholung des Aufschlags, wenn der aufgeschlagene Ball das Netz, die Netzeinfassung oder den Netzhalter berührt, vorausgesetzt, daß er sonst richtig fällt, oder - bevor er den Boden berührt - nach der Berührung des Netzes, der Netzeinfassung oder des Netzhalters, den Rückschläger oder irgend etwas trifft, das dieser an sich hat oder trägt.

Reg.20b/24a,c: Der Spieler verliert den Punkt, wenn er den im Spiel befindlichen Ball so zurückschlägt, daß dieser den Boden, eine ständige Einrichtung oder einen anderen Gegenstand außerhalb derjenigen Linien trifft, welche das Spielfeld des Gegners begrenzen, es sei denn, daß der Ball das Netz, die Pfosten, das Seil oder Metallkabel, die Netzeinfassung oder den Netzhalter berührt, vorausgesetzt, daß er oberhalb derselben passiert und den Boden innerhalb des Spielfeldes trifft.

Er verliert den Punkt auch nicht, wenn er den Ball an der Außenseite des Netzpfostens vorbei zurückschlägt, sei es über oder unter der oberen Kante des Netzes, selbst wenn der Ball im **Doppel** den Pfosten berührt, vorausgesetzt, daß er den Boden im richtigen Spielfeld trifft. Im **Einzel** gilt dasselbe in Bezug auf die Einzelstütze; doch gelten hierbei die außerhalb der Stütze befindlichen Teile des Netzes als ständige Einrichtungen, die der Ball keinesfalls berühren darf.

Reg.23: Berührt der im Spiel befindliche Ball eine ständige Einrichtung des Platzes (Ausnahme: Netz, Pfosten, Seil oder Metallkabel, Netzeinfassung oder Netzhalter), nachdem er den Boden getroffen hat, so gewinnt der Spieler, der ihn geschlagen hat, den Punkt, während, bevor er den Boden getroffen hat, der Gegner den Punkt gewinnt.

Reg.25: Wird ein Spieler durch irgend etwas, auf das er keinen Einfluß hat, ausgenommen durch eine der ständigen Einrichtungen des Spielfeldes oder durch eine **unbewußte** Handlung seines Gegners, im Schlagen behindert, so soll der Punkt nochmals gespielt werden.

(5) Nein, der Rückschläger kann auf seiner Seite des Spielfeldes stehen, wo er will.

(6) Er verliert den Punkt nicht, auch nicht, wenn er die gedachte Linie überschreitet, vorausgesetzt, daß er die das gegnerische Spielfeld begrenzenden Linien nicht betritt. Sollte sich der Gegner durch das Überschreiten behindert gefühlt haben, kann er eine entsprechende Entscheidung des Schiedsrichters auf Grund der Art der Behinderung fordern.

(7) Nein, der Rückschläger kann auf seiner Seite des Spielfeldes stehen, wo er will.

(8) Der Spieler, der die Wahl gewinnt, kann wählen:
a) Aufschlag oder
b) Rückschlag oder
c) Seite oder
d) daß der Gegner zuerst wählt.

(9) Der Aufschlag gilt als erfolgt im Augenblick der Berührung des Schlägers mit dem Ball.

(10) Grundsätzlich ja, jedoch muß er darauf achten, daß er den Boden in seinem Spielfeld (dazu gehört auch die Linie) erst berühren darf, wenn der Ball den Schläger verlassen hat.

(11) Er muß mit beiden Füßen in Ruhestellung hinter der Grundlinie stehen, und zwar zwischen der gedachten Verlängerung des Mittelzeichens und der gedachten Verlängerung der Einzel- bzw. Doppel-Seitenlinie.

(12) Nein, vgl. Aufgabe (11).

(13) Nein, ein Wiederholungsball sollte gegeben werden.

(14) Als unbedeutende Bewegung der Füße kann ein leichtes Schleifen eines Fußes über den Boden oder auch ein kleiner Schritt, etwa um eine Fußlänge, angesehen werden. Die Bewegung soll sich nicht wesentlich auf die Stellung des Aufschlägers, die dieser ursprünglich eingenommen hat, auswirken.

(15) Nein, da der Aufschlag erst als erfolgt gilt, wenn der Schläger den Ball berührt hat!

(16) Als Fußfehler gelten:
- Fuß berührt die Grundlinie
- Spieler tritt auf die gedachte Verlängerung des Mittelzeichens oder der Seitenlinie
- Spieler springt und berührt den Boden seines Spielfeldes, bevor der Ball den Schläger verlassen hat.

(17) Auftretende Irrtümer sind in den entsprechenden Fällen wie folgt zu korrigieren:

- Regel 9 "Aufschlag; Wechsel der Position an der Grundlinie": Aufschlagposition an der Grundlinie falsch, z.B. bei "30 beide" führt Spieler Aufschlag links vom Mittelzeichen aus. Wenn bemerkt, sofort berichtigen. Gespielte Punkte bleiben gültig.

- Regel 11 "Zweiter Aufschlagball": Erfolgt dieser von der verkehrten Seite des Mittelzeichens aus, so hat der Aufschläger nach Bemerken des Irrtums sofort die richtige Position einzunehmen und hat dann nur das Recht auf einen Ball. Alle gespielten Punkte bleiben gültig.

- Regel 15 "Aufschlagwechsel"(im Einzel): Schlägt ein Spieler in falscher Reihenfolge auf, so soll derjenige Spieler. der an der Reihe des Aufschlags gewesen wäre, aufschlagen, sobald das Versehen festgestellt ist; alle vor dieser Feststellung gespielten Punkte bleiben gültig. Ist ein Spiel bereits beendet, bevor der Irrtum entdeckt wurde, so bleibt die veränderte Aufschlagsordnung bestehen. Ein vor der Entdeckung geschlagener Aufschlagfehler soll nicht zählen.

- Regel 16 "Seitenwechsel": Die Spieler wechseln die Seiten nach dem 1., 3. und jedem folgenden ungeraden Spiel eines jeden Satzes. Wird beim Seitenwechsel ein Irrtum begangen und die richtige Reihenfolge nicht eingehalten, so müssen die Spieler die richtige Aufstellung einnehmen, sobald der Irrtum bemerkt wird und die ursprüngliche Reihenfolge wieder herstellen. Alle gespielten Punkte bleiben gültig.

- Regel 38 "Falsche Reihenfolge beim Aufschlag" (im Doppel): Schlägt ein Spieler irrtümlicherweise auf, ohne daß er an der Reihe ist, so soll sofort derjenige Spieler aufschlagen, der eigentlich an der Reihe gewesen wäre. Bereits gespielte Punkte und jeder vor der Entdeckung des Irrtums erfolgte Aufschlagfehler werden gerechnet. Wird der Irrtum erst am Ende eines Spiels bemerkt, so soll die veränderte Reihenfolge beibehalten werden.

- Reg. 39 "Falsche Reihenfolge beim Rückschlag" (im Doppel): Wird während eines Spiels die Reihenfolge im Zurückschlagen des Aufschlags geändert, so bleibt diese geänderte Reihenfolge bis zum Ende des Spiels, in welchem der Irrtum entdeckt wurde, bestehen; die Partner müssen aber im nächsten Spiel des Satzes, in welchem sie Rückschläger sind, die ursprüngliche Reihenfolge wieder einhalten. Alle gespielten Punkte bleiben gültig.

(18) Nein.

(19) Der Ball darf **beim Aufschlag** nur das Netz, die Netzeinfassung oder den Netzhalter berühren, vorausgesetzt, daß er in das richtige Aufschlagfeld fällt, damit er als Wiederholungsball anerkannt werden kann. Der **Netzpfosten** ist in diesem Fall nicht als "Ausnahme" aufgeführt. Somit handelt es sich in diesem Fall um einen Aufschlagfehler!

(20) Der Rückschläger ist nicht als spielbereit anzusehen:

- Wenn er ein Handzeichen gibt.
- Wenn er deutlich erkennbar seine Ausrüstung, z.B. seine Schuhe in Ordnung bringt.

Der Rückschläger ist trotz Widerspruch als spielbereit anzusehen:

- Wenn der Rückschläger einen im Spielfeld liegenden Ball als Grund für einen mißglückten Rückschlag geltend macht, obwohl er vorher Gelegenheit hatte, ihn rechtzeitig aus dem Spielfeld zu entfernen (oder entfernen zu lassen).

- Wenn er ohne ersichtlichen Grund - offenbar nur um den Aufschläger zu irritieren - erst nachdem der Ball bereits den Schläger des Aufschlägers verlassen hat, ein Handzeichen gibt; der Aufschlag aber gut war und er ihn nicht zurückschlug.

(21) Eine Wiederholung ist nicht zulässig:

- Ein Spieler macht, obgleich er auf einen Ball tritt, der schon vorher im Spielfeld lag und von keinem der Spieler entfernt wurde, einen guten Rückschlag und gewinnt den Punkt. Der Gegner versucht nun zu reklamieren: "Ich dachte, mein Gegenüber war gestört!"

- Wenn der Spieler z.B. versucht, einen Aufschlagball zurückzuschlagen und ihm das mißlingt.

- Der Aufschläger versucht nach dem 1.Aufschlagball, den er als "Fehler" schlägt, eine Wiederholung zu erreichen, da "der Doppelpartner des Gegners sich in das Aufschlagfeld gestellt habe".

(22) Nein, der ganze Punkt muß wiederholt werden.

(23) Ja.

(24) Es ist nur der 2.Aufschlagball zu wiederholen.

(25) Der Ball ist zu wiederholen.

(26) Der Aufschläger gewinnt den Punkt.

(27) Der Spieler verliert den Punkt:

a) wenn er den im Spiel befindlichen Ball nicht direkt über das Netz zurückschlägt, bevor dieser den Boden zweimal hintereinander berührt hat.

b) wenn er einen im Spiel befindlichen Ball so zurückschlägt, daß dieser den Boden, eine ständige Einrichtung oder einen anderen Gegenstand außerhalb derjenigen Linien trifft, welche das Spielfeld des Gegners begrenzen.

(28) Der Spieler verliert den Punkt:

c) wenn er den Ball als Flugball nimmt und einen Fehler macht, gleich ob er außerhalb des Spielfelds steht.

d) wenn er den Ball auf seinem Schläger **absichtlich** trägt oder auffängt oder ihn mit seinem Schläger **absichtlich** mehr als einmal berührt.

(29) Der Spieler verliert den Punkt:

e) wenn er oder sein Schläger - gleichgültig, ob er diesen in der Hand trägt oder nicht - oder irgend etwas, das er an sich hat oder trägt oder hält, das Netz, die Netzpfosten, das Seil oder Metallkabel, die Netzeinfassung, den Netzhalter oder den Boden im Spielfeld seines Gegners berühren, während der Ball im Spiel ist.

f) wenn er den Ball als Flugball nimmt, bevor dieser das Netz in seiner Richtung überflogen hat.

(30) Der Spieler verliert den Punkt:

g) wenn der im Spiel befindliche Ball ihn oder irgendetwas, das er an sich hat oder trägt, berührt, ausgenommen den Schläger in seiner Hand oder in seinen Händen.

h) wenn er seinen Schläger nach dem Ball wirft und den Ball berührt.

(31) Wenn sein Schläger das Netz berührt, während der Ball im Spiel ist, verliert der Aufschläger den Punkt.

(32) Der Aufschläger verliert den Punkt, weil sein Schläger das Netz berührt, während der Ball im Spiel ist.

(33) Die Entscheidung "Fehler" ist schon irrtümlich gegeben worden. C und D hatten bereits den Punkt verloren, bevor "Fehler" entschieden werden konnte, weil C das Netz berührte, während der Ball im Spiel war.

(34) Nein, er verliert den Punkt.

(35) B verliert den Punkt.

(36) Der getroffene Spieler verliert den Punkt, ausgenommen der aufgeschlagene Ball berührt zuvor das Netz, die Netzeinfassung oder den Netzhalter, in welchem Fall der Aufschlag gemäß Regel 14a wiederholt werden muß.

(37) Unter keinen Umständen kann er den Punkt beanspruchen:

1. Wenn er den Ball fängt, verliert er den Punkt.
2. Wenn er den Ball als Flugball schlägt und einen fehlerhaften Rückschlag vollführt, verliert er den Punkt.
3. Wenn er den Ball als Flugball schlägt und einen guten Rückschlag macht, ist der Ball im laufenden Schlagwechsel.

(38) Nein, ausgenommen der Schiedsrichter hält es für notwendig, den Vorgang als absichtliche Behinderung anzusehen, in welchem Fall er dem Gegner den Punkt zusprechen muß.

(39) Der Schiedsrichter kann entweder bei erkennbar absichtlicher Behinderung dem Gegner den Punkt zusprechen oder im Falle einer unbewußten Behinderung den Punkt wiederholen lassen.

(40) Nein.

(41) Bitte lesen Sie das Kapitel B8.3 und stellen Sie dann einen Vergleich mit den vorliegenden Bildern an.

(42) siehe (41)!

(43) Er verliert den Punkt.

(44) Beim Rückschlag gelten die in Bild a) dargestellten Ballsituationen im Einzelspiel als gut, falls der Ball ordnungsgemäß in das Spielfeld des Gegners trifft. Im Falle b) gilt der Rückschlag ebenfalls als gut, vorausgesetzt, daß der Spieler, der über das Netz reicht, weder selbst noch mit irgend etwas, das er trägt oder hält, das Netz, das Seil oder Metallkabel, die Pfosten, die Netzeinfassung bzw. den Netzhalter oder den Boden innerhalb des Spielfelds seines Gegners berührt und vorausgesetzt, daß der Schlag in jeder anderen Hinsicht gültig ist.

(45) c) Der Rückschlag des Balles gilt beim Einzelspiel als gut, wenn der Ball an der Außenseite der Einzelstütze vorbei, über oder unter der oberen Kante des Netzes, zurückgeschlagen wird, selbst wenn er die Stütze berührt, immer vorausgesetzt, daß er den Boden des richtigen Spielfeldes trifft. Im Doppelspiel ist Fall c) ein Fehler (kann auch nur eintreten, wenn das Netz nicht bis zum Netzpfosten reicht). Im Fall d) darf jedoch der Spieler nur über das Netz reichen, wenn der Ball das Netz in seiner Richtung bereits überflogen hatte, bevor er vom Schläger des Spielers getroffen wurde und der Ball auch sonst ordnungsgemäß zurückgeschlagen wurde. In den Fällen e1) und e2) gilt der Rückschlag eines Balles als gut, wenn es dem Spieler gelingt, den im Spiel befindlichen Ball (oder einen Aufschlagball) zurückzuschlagen, nachdem dieser einen im Spielfeld, d.h. auch einen auf einer Linie liegenden Ball, getroffen hat.

(46)- Wenn es ein Aufschlagball ist: Nein, weil die Einzel- bzw. Doppelnetzpfosten als ständige Einrichtungen gelten.
- Wenn es sich um einen gültigen Rückschlag im Einzelspiel handelt
a) Ja, wenn es die Einzelstütze betrifft
b) Nein, wenn es den Netzpfosten betrifft.
- Wenn es sich um einen gültigen Rückschlag im Doppelspiel handelt
c) Ja.

(47) Ja.

(48) Nein, das Spiel läuft weiter. Wenn es für den Schiedsrichter nicht klar ist, ob auch der richtige Ball zurückgeschlagen wurde, soll er auf Wiederholung des Punktes entscheiden.

(49) Nein, aus der gesamten Auslegung der Regeln folgert die Einzahl.

(50) Ja, aber nicht während der Ball im Spiel ist.

(51) Ja, wenn der Spieler nach Ansicht des Schiedsrichters damit durch außerhalb seiner Kontrolle liegende Umstände behindert war, jedoch nicht, wenn diese Behinderung von ständigen Einrichtungen herrührte.

(52) Der Schlag zählt als gut, außer, wenn der stationäre Gegenstand auf den Platz gekommen ist, nachdem der Ball ins Spiel gebracht wurde, in welchem Fall der Punkt wiederholt werden muß. Wenn der im Spiel befindliche Ball ein bewegliches Objekt längs oder über der Platzfläche berührt, muß der Punkt wiederholt werden.

(53) Es sollte auf Wiederholung des Punktes entschieden werden, außer, wenn der andere Ball durch Maßnahmen eines der Spieler in der Luft ist, in welchem Fall der Schiedsrichter bei einer **absichtlichen** Handlung eines Spielers den Punkt zugunsten des Gegners, bei einer **unbewußten** Behinderung auf eine Wiederholung entscheiden muß.

(54) Ja, wenn der Spieler jedoch Gelegenheit hatte, den Ball rechtzeitig aus dem Spielfeld zu entfernen (oder entfernen zu lassen), und dieses durch Nachlässigkeit unterließ, kann er keine Wiederholung fordern.

(55) Wenn dieser Zustand bezüglich der Umstände außer Kontrolle des Spielers liegt, ist eine Unterbrechung erlaubt. Der Schiedsrichter allein entscheidet, ob eine Unterbrechung gerechtfertigt ist und über deren Dauer.

(56) Bei Verletzungen infolge von Unglücksfällen kann der Schiedsrichter eine einmalige Pause von 3 Minuten Dauer zugestehen.

(57) Ja, wenn der Schiedsrichter der Ansicht ist, daß das Spiel im Sinne der Regeln nicht unterbrochen ist und keine Verzögerung hinsichtlich der Reihenfolge und Ausführung des Aufschlags eintritt.

(58) Nein.

(59) Ja, der Partner des Aufschlägers kann auf seiner Seite des Netzes in oder außerhalb des Spielfeldes stehen, wo immer es ihm beliebt.

(60) Der Aufschlag gilt als "Fehler", wenn der aufgeschlagene Ball den Partner des Aufschlägers berührt oder irgendetwas, das dieser trägt oder hält. Trifft jedoch der aufgeschlagene Ball, bevor er den Boden berührt - ausgenommen es handelt sich um einen Netzball und es ist auf Wiederholung zu entscheiden - den Partner des Rückschlägers oder irgendetwas, das dieser trägt oder hält, so gewinnt damit der Aufschläger den Punkt.

(61) Der Ball ist zu wiederholen:

1. Wenn ein sonst korrekter Aufschlagball, bevor er im richtigen Feld aufspringt, das Netz, die Netzeinfassung oder den Netzhalter berührt hat.
2. Wenn ein sonst korrekter Aufschlagball, nachdem er das Netz, die Netzeinfassung oder den Netzhalter berührt hat, den Rückschläger oder dessen Partner oder irgend einen Gegenstand, den einer von diesen trägt oder hält, berührt hat.
3. Wenn der Aufschlag ausgeführt wird, obwohl der Rückschläger zu erkennen gibt, daß er noch nicht bereit ist.
4. Wenn der Aufschläger **versehentlich** 2 Bälle hochwirft.
5. Wenn der Schiedsrichter nicht im Stande ist, den 2.Aufschlagball zu entscheiden.

Der Punkt ist zu wiederholen:

1. Wenn ein Spieler **unbewußt** den Gegner an der Ausführung seines Schlages hindert.
2. Wenn der Spieler durch irgendetwas, auf das er keinen Einfluß hat, an der Ausführung des Schlages gehindert wird (ausgenommen durch eine ständige Einrichtung).
3. Wenn der im Spiel befindliche Ball mit einem beweglichen Objekt längs oder über der Platzfläche in Berührung kommt.

4. Wenn der im Spiel befindliche Ball einen auf dem Platz ruhenden Gegenstand trifft, der erst nachdem der Ball ins Spiel gebracht wurde, auf den Platz geriet.
5. Wenn der 1.Aufschlagball ein "Fehler" war, irgendwo zurückprallt und den Rückschläger während des 2.Aufschlags stört (es sei denn, daß er vorher Gelegenheit hatte, den Ball rechtzeitig entfernen zu lassen oder ihn selbst zu entfernen).
6. Wenn der Hilfsrichter nach Ansicht des Schiedsrichters eine klare Fehlentscheidung getroffen hat und der Spieler dadurch behindert war.
7. Wenn der Schiedsrichter nicht in der Lage ist, den Punkt zu entscheiden.

(62) Nein, eine Beratung darf nur während des Seitenwechsels nach Ende eines Spiels erfolgen, aber nicht, wenn die Seiten innerhalb des Tiebreakspiels gewechselt werden. Dabei hat sich der Mannschaftsführer (oder sein Stellvertreter) auf dem Platz aufzuhalten.

(63) In allen Spielen, in denen Spielerinnen mitwirken, haben **alle** Teilnehmer den Anspruch auf eine Pause von 10 Minuten nach dem 2. Satz. Den gleichen Anspruch haben Herren in 5-Satz-Kämpfen nach dem 3. Satz; desweiteren Knaben in allen Wettbewerben ihrer Altersklassen und wenn sie in Doppelwettbewerben mit Juniorinnen und Junioren zusammenspielen, sowie alle Senioren bei Seniorenwettbewerben.

(64) 90 Sekunden; bitte lesen Sie im übrigen das Kapitel B9.13.

(65) DTB WSpO §24 c); DTB-Bundesligastatut §18; z.B. BTV WSpB §21 für Wettspiele, die nach den Wettspielbestimmungen des Bayerischen Tennisverbandes ausgetragen werden.

(66) Nein. Wenn die Spieler das Spiel fortgesetzt haben, nachdem der Fehler verursacht wurde, kann der Punkt nicht jetzt erst beansprucht werden, vorausgesetzt der Gegner wurde nicht behindert.

B RATGEBER FÜR SCHIEDSRICHTER – HINWEISE UND ERLÄUTERUNGEN

B1 Grundsätzliche Pflichten des Schiedsrichters

Der Schiedsrichter soll

- über gute Kenntnisse in den Regeln der ITF und in den speziell für seinen Verband aktuellen Wettspielbestimmungen verfügen. Er soll sich über die Änderungen auf dem Laufenden halten. Darüber informieren ihn die Verbandsorgane in der Regel mit entsprechenden Broschüren oder Jahrbüchern.

- durch die Vielzahl seiner Einsätze die notwendige Routine erwerben bzw. seine Kenntnisse vertiefen.

- so auftreten und so gekleidet sein, daß Spieler, Funktionäre und Zuschauer ihm den nötigen Respekt und das erforderliche Vertrauen entgegenbringen können.

B2 Vergünstigungen

Dem Schiedsrichter sollen die von den Vereinen und Turnierveranstaltern, sowie die vom Verband festgelegten Vergünstigungen zukommen.

B3 Vergütung

Die Vergütung richtet sich nach dem von ihm nach Prüfung erreichten Zertifikat.

B4 Aufgaben des Schiedsrichters
(siehe auch DTB WSpO §27)

B4.1 Vor dem Einsatz soll der Schiedsrichter

- sich bei der Turnierleitung (oder beim Schiedsrichterwart) zur Verfügung halten.

- sich Informationen einholen über die hinsichtlich Satzlänge anzuwendenden Bestimmungen, z.B. langer Satz bis 9; desweiteren über Tiebreak, Einschlagzeit, Ballwechsel, Pause nach dem 1., 2. bzw. 3.Satz.

- sich erkundigen, ob Balljungen und Linienrichter zur Verfügung stehen (und ggf. wieviele) und diese entsprechend einweisen.

- dafür sorgen, daß Schiedsrichterblock und Stift zur Verfügung stehen.

B4.2 Vor dem Spiel soll der Schiedsrichter prüfen,

- daß sich keine unberechtigten Personen auf dem Platz aufhalten und keine Geräte dort so im Wege sind, daß evtl. Spieler dadurch gefährdet werden können (z.B. Besen, Matte, Wasserschlauch)

- daß der Platz in einwandfreiem Zustand ist (gut abgezogen, ggf. gespritzt, Linien abgekehrt etc.)

- daß Netz, Netzhalter und Netzband vorschriftsmäßig befestigt sind und das Netz keine Löcher aufweist

- daß die Einzelstützen richtig angebracht sind und daß die Netzhöhe stimmt

- daß bei Einsatz von Linien- und sonst benötigten Hilfsrichtern (Netz-, Fußfehlerrichter etc.) Stühle für diese zur Verfügung stehen und richtig plaziert sind

- daß der Schiedsrichterstuhl selbst richtig plaziert ist; je näher am Spielfeld, desto besser für den Überblick, andererseits beim Doppel besser in etwa 1m Abstand vom Netzpfosten, so daß ggf. außen am Pfosten vorbeigespielt werden kann. Auch sollte der Schiedsrichterstuhl möglichst dem Publikum gegenüber stehen (d.h. bei paarweiser Anordnung der Plätze, daß die Schiedsrichterstühle so gestellt werden, daß die Schiedsrichter Rücken an Rücken sitzen).

- daß die für einen Ballwechsel erforderlichen Bälle am Platz zur Verfügung stehen und daß gespielte Bälle sofort eingesammelt werden.

Der Schiedsrichter sollte sehr auf seine Kleidung achten, sich nicht in den Stuhl "fletzen" (gilt auch für die Hilfsrichter) und auch in seiner Ausdrucksweise Vorbild sein.

B4.3 Im Spiel hat der Schiedsrichter die Aufgabe,

- die ITF-Regeln und ggf. die für das Turnier geltenden besonderen Bestimmungen anzuwenden

- die Entscheidungen zu treffen und dabei die vorgeschriebenen Ausdrücke zu verwenden

- nach jedem Punkt den Spielstand, nach jedem Spiel den Satzstand und ggf. auch den Gewinn vorangegangener Sätze anzusagen

- den Schiedsrichterblock korrekt zu führen und diesen, nach Beendigung des Spiels oder bei Unterbrechungen, der Turnierleitung zur Verfügung zu stellen

- den Platz und die festen Einrichtungen des Platzes soweit möglich im Auge zu behalten

- dafür zu sorgen, daß das Spiel einen sportlichen Verlauf nimmt, wobei erforderlichenfalls der Oberschiedsrichter hinzugezogen werden kann

B5 Aufgaben der Hilfsrichter
(siehe auch DTB WSpO §§ 24,27 ff.)

Der Linienrichter soll an der Linie, bei der er eingesetzt ist, entscheiden, ob ein Ball gut ist oder nicht.

Der Fußfehlerrichter soll kontrollieren, ob Spieler Fußfehler machen.

Der Netzrichter soll ansagen, ob ein Aufschlagball das Netz berührt hat. Er hat außerdem anzusagen, ob ein Aufschlagball oder ein anderer im Spiel befindlicher Ball das Netz durchschlagen hat. Alle weiteren Entscheidungen in Bezug auf das Netz (z.B. Berühren des Netzes durch einen Spieler, Greifen über das Netz) trifft der Schiedsrichter.

B6 Hinweise und Technik für Schieds- und Hilfsrichter

B6.1 Allgemeines

So lange ein Ball "gut" ist, darf kein Ruf erfolgen. Alle "Aus"-Rufe müssen laut und deutlich erfolgen und sollen überzeugend wirken. In Zweifelsfällen soll der Ball als gut angesehen werden.

Alle "Aus"-Rufe sollen unmittelbar nach dem Aufsprung des Balles (auf Platz, ständige Einrichtungen) erfolgen. Zu hastige Entscheidungen können leicht zu Fehlern führen. Zu späte erzeugen Zweifel und Unruhe bei Spielern und Zuschauern - und wenn sie von Hilfsrichtern kommen - auch beim Schiedsrichter.

Die meisten Bälle sind leicht zu entscheiden, doch kann plötzlich ein schwieriger Ball kommen. Daher sei die ganze Zeit konzentriert und wachsam!

Sei objektiv und laß Dich ja nicht aus der Ruhe bringen, sonst folgen schnell Fehlentscheidungen und Irrtümer.

Laß Dich nicht in Gespräche oder Diskussionen mit Spielern oder Zuschauern ein. Als Hilfsrichter verweise auf den Schiedsrichter. In Regelfragen (nicht jedoch bei Tatsachenentscheidungen) kann der Oberschiedsrichter vom Schiedsrichter oder vom Spieler angerufen werden, es sei denn, der Oberschiedsrichter greift von sich aus ein.

Anmerkung: Die spezielle Funktion des Oberschiedsrichters bei internationalen Mannschaftskämpfen (Davis Cup, Kings Cup und dgl.) soll hier nicht berücksichtigt werden.

B6.2 Linienrichter

Der Linienrichter soll bei einem fehlerhaften Aufschlag "Fehler", bei einem Ausball "Aus" rufen. Bei Ausbällen soll er den Arm in der Aus-Richtung ausstrecken. Bei guten Bällen kann er auf Blick-Aufforderung durch Schiedsrichter oder Spieler mit der vor sich ausgestreckten flachen Hand dieses anzeigen. Hat er den Ball nicht sehen können, so hält er als Zeichen eine Hand vor die Augen.

Linienrichter sollten sich nur in Ausnahmefällen von ihrem Platz bewegen; nur wenn der Ball durch die Spieler verdeckt wird, kann der Linienrichter evtl. aufstehen und sich vorsichtig bewegen.

Als Linienrichter soll man auch nur in Sonderfällen Bälle auffangen (zum Schutz); in der Regel ist das Aufgabe der Balljungen.

Ein Linienrichter sollte keine helle Kleidung tragen, da sich der Ball schlecht davon abhebt und die Spieler irritiert werden könnten.

B6.3 Fußfehlerrichter

Bei Fußfehlern gemäß Regel 8 soll der Fußfehlerrichter laut "Fußfehler" rufen. Er soll zusätzlich auch ein Handzeichen geben, indem er den Arm hochhebt.

Der Fußfehler darf erst entschieden und ausgerufen werden, wenn der Aufschlag gemäß Regel 7 "als erfolgt gilt". Ein Fußfehler ist auf Grund der dabei festgestellten Tatsachen (Linienberührung; seitliche Überschreitung der gedachten Verlängerung des Mittelzeichens etc.) unabhängig von nachfolgenden Entscheidungen durch Schieds- oder Linienrichter etc. anzugeben.

Eine Ermahnung oder Verwarnung ist nicht nötig. Fußfehler sind unabhängig vom Spielstand sofort als Regelverstoß zu werten.

Dem Fußfehlerrichter steht an jeder Grundlinie ein Stuhl zur Verfügung. Er muß seinen Standortwechsel nach jedem geraden Spiel unverzüglich und schnell ausführen, da für die Spieler kein Seitenwechsel stattfindet. Im Tiebreak muß er sich, auf Grund der schnell aufeinander folgenden Aufschlagwechsel, noch mehr beeilen.

B6.4 Netzrichter

Der Netzrichter sollte dem Schiedsrichter am Netz so gegenüber sitzen und bei jedem Aufschlag seine Hand so halten, daß er mit einem Finger an der Netzkante die Netzberührung des Balles spürt. Beim Einzelspiel darf er so weit im Doppelfeld sitzen, daß er die Netzkante innerhalb der Einzelstütze erreicht.

Sein Ruf lautet "Netz".

Desweiteren hat er auch Bälle, die das Netz durchschlagen, durch den Ruf "Ball durchs Netz" auszurufen.

Darüberhinaus kann er den Schiedsrichter dadurch entlasten, daß er beim ersten Seitenwechsel, nach jedem Satz und bei Bedarf dazwischen, die Netzhöhe nachmißt und ihn bei der Ausgabe neuer Bälle unterstützt

B6.5 Hilfsrichter-Einteilung und -Standort

Ein Schiedsrichter sollte, zumindest bei wichtigen Spielen, immer vorhanden sein. Zu seiner Unterstützung können zwei oder mehrere Linienrichter (max.10) sowie ein Fußfehler- und ein Netzrichter eingeteilt werden.

Ein "Standortplan" ist nachstehender Abbildung zu entnehmen:

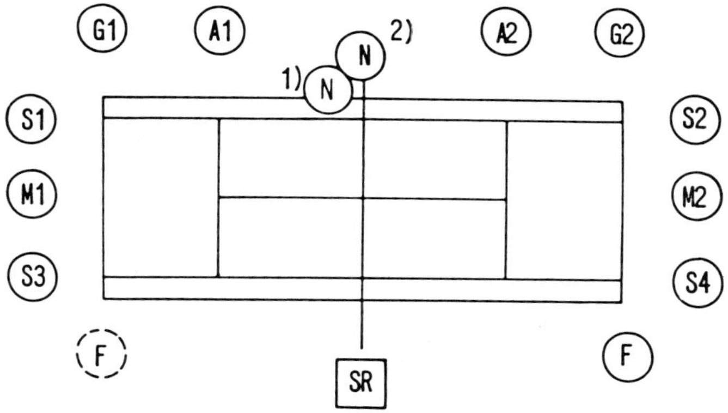

1) Standort Einzel
2) " Doppel

A = Aufschlagrichter
F = Fußfehlerrichter
G = Grundlinienrichter
M = Mittelaufschlagrichter
N = Netzrichter
S = Seitenlinienrichter
SR = Schiedsrichter

Bild 42

Ist nur ein begrenzter Linienrichtereinsatz möglich, so sollten diese (je zwei) in folgender Priorität eingesetzt werden:

S1, S2	für die dem Schiedsrichterstuhl gegenüberliegende Seitenlinie
A1, A2	für die Aufschlaglinien
G1, G2	für die Grundlinien

Die Linienrichter für Aufschlag- und Grundlinien sollen auf der, dem Schiedsrichterstuhl gegenüberliegenden Seite sitzen, um einen schnellstmöglichen Augenkontakt zum Schiedsrichter sicherzustellen, es sei denn, die Linienrichter würden dort von der Sonne geblendet werden.

Für die Seitenlinien S 1-2, 3-4 und die Aufschlagmittellinie M 1-2 sind möglichst 2 Linienrichter einzusetzen, deren Entscheidungsbefugnis sich jeweils auf ihre Linie bis zum Netz erstreckt. Ausnahmsweise kann einem Linienrichter auch die gesamte Linie zugeordnet werden.

Linienrichter werden vom Oberschiedsrichter eingesetzt und ggf. abberufen (DTB WSpO §24) und dürfen sich nur bei Ende oder Abbruch des Matches oder auch im Falle ihrer Ablösung von ihrem Platz entfernen.

Vor dem Einsatz von Linienrichtern sollte man berücksichtigen, daß unter Umständen ein sehr erfahrener, guter Schiedsrichter den Spielern mehr Vertrauen einflößen kann, als eine Supermannschaft von Linien- und anderen Hilfsrichtern. Sonst könnte das alte Sprichwort leider Geltung bekommen: "Viele Köche verderben den Brei!"

Daher sollte auch die Auswahl der Hilfsrichter so sorgfältig und gewissenhaft wie möglich erfolgen - hängt davon doch oft die reibungslose Durchführung eines Matches, ja sogar einer ganzen Veranstaltung ab.

Die nachstehende Tabelle soll einige Alternativen zeigen, die dann in Frage kommen, wenn nur eine beschränkte Anzahl von Hilfsrichtern zur Verfügung steht.

Anzahl der zur Verfügung stehenden Linienrichter LR	Besetzung der Linien (in der vorgegebenen Reihenfolge) Alternativen		
	a	b	c
1	S1/2	A1/2	
2	S1/2, A1/2	S1, S2	
3	S1,S2,A1/2	S1/2, G1,G2	A1/2, G1,G2
4	S1/2, A1/2, G1, G2	S1,S2,G1,G2	
5	S1,S2,A1/2, G1, G2	S1/2, S3/4, A1/2, G1,G2	
6	S1,S2,A1,A2, G1,G2	S1/2, S3/4, A1/2, M1/2, G1, G2	

Legende: A = Aufschlaglinie
G = Grundlinie
M = Aufschlagmittellinie
S = Seitenlinie

A1/2 = "wechselnder" LR an den Aufschlaglinien

Bild 43

B7 Terminologie für Schieds- und Hilfsrichter

Aufschlag ..... (..... to serve)	Ansage bei Beginn des Spiels unter Hinzufügung des Namens des Spielers (kann auch nach einigen Spielen unterbleiben, es sei denn, die Spieler wissen nach der Seitenwechsel-Pause nicht mehr, wer aufschlägt)
Fehler (fault)	Ausruf, wenn Ball nicht im richtigen Aufschlagfeld aufspringt (soll unterbleiben, wenn Ball im Netz landet)
Doppelfehler (double fault)	Ausruf, wenn ebenfalls der 2.Aufschlagball ein Fehler ist
Netz, 1.Aufschlag (net, first serve)	Ausruf, wenn der 1.Aufschlag das Netz berührt und an sich richtig ist (Wiederholungsball)
Netz, 2.Aufschlag (net, second serve)	Ausruf, wenn der 2.Aufschlag das Netz berührt und an sich richtig ist (Wiederholungsball)
Aus (out)	Ausruf bei Bällen (Ausnahme: Aufschlag), die nicht innerhalb des richtigen Spielfeldes auftreffen
Ball durchs Netz (through)	Ausruf bei Bällen, die das Netz durchschlagen haben
Zweimal (not up)	Ausruf, wenn der Ball zum zweiten Mal auf dem Boden aufspringt, bevor der Spieler ihn zurückschlägt

Doppelschlag (foul shot)	Ausruf bei erkennbar absichtlichem, mehrfachen Berühren des Balles oder beim absichtlichen Tragen oder Auffangen des Balles (Regel 20d)
Netz berührt (net touched)	Ausruf, wenn der Spieler das Netz berührt, während der Ball im Spiel ist (Regel 20e)
Fußfehler (foot fault)	Ausruf bei allen Fußfehlern (Regel 8)
Zeitüberschreitung (time violation)	Ansage, wenn 30-Sek.-Regel zwischen Ende des Punktes und dem nächsten Aufschlag bzw. wenn die 90-Sekunden-Regel beim Seitenwechsel bis zum nächsten Aufschlag überschritten wird
Zeit (time)	Information an Spieler nach 60 Sek. beim Seitenwechsel
Einstand (Ausgleich) (deuce)	Ansage beim Spielstand 40/40 bzw. nach einem Vorteil, wenn dieser nicht zum Spielgewinn führt
Vorteil..... (advantage.....)	Ansage beim nächsten nach Einstand gewonnenen Punkt (jeweils für Aufschläger oder Rückschläger bzw. besser mit Namensnennung)
Halt (stop)	Ausruf, wenn Schiedsrichter den Ballwechsel aus irgendwelchen Gründen unterbrechen will

Es wird gewechselt (please change ends)	Ansage bei Seitenwechsel; nur erforderlich, wenn die Spieler dazu keine Anstalten machen
.....führen/führt (.....lead(s))	Ansage nach Spiel- bzw. Satzgewinn; falls keine Anzeigetafel zur Verfügung steht, ist es zweckmäßig, zur Information der Zuschauer auch auf den Satzstand hinzuweisen, (z.B. Herr Schmetterer führt 3/1; erster Satz Herr Bringer 6/3). Achtung! Die Redewendung ".....verkürzt auf ....." ist zu vermeiden
Wiederholung (play a let)	Ansage, wenn gemäß Regel 13 ein Ball oder Punkt wiederholt werden soll (Spielstand nochmals ansagen!)

Beispiel für eine vollständige Ansage des Schiedsrichters zu Beginn eines Wettspiels nach Beendigung der Einschlagzeit:

"Herren-Einzel, Halbfinale (evtl. Turniername oder Name des Sponsors erwähnen) zwischen Herrn Schmetterer zu meiner Rechten (Handbewegung) und Herrn Bringer zu meiner Linken (ebenfalls Handbewegung); es entscheidet der Gewinn von zwei Sätzen, ggf. im Tiebreak. Aufschlag Herr Bringer."

Beispiel für eine vollständige Ergebnisansage nach Beendigung eines Wettspiels:

"Spiel, Satz und Sieg Herr Schmetterer;
4/6; 7/6; 6/1"

B8 Methoden zur Ballbeurteilung

B8.1 Ursachen

Der folgende physiologische Hintergrund ist für die Methode eines Schieds- oder Linienrichters bei der Beurteilung der Lage des Balles zu einer Linie im Augenblick des Aufsprungs von ganz besonderer Bedeutung:

Das Auge ist so beschaffen, daß es, wenn es einen, sich schnell bewegenden Gegenstand verfolgt, von der rings herum ruhenden Umgebung nur ein sehr undeutliches Bild erfaßt. Folgt man entsprechend einem schnellen Ball mit dem Auge, so kann man von diesem auf keinen Fall verlangen, daß es den exakten Standort des Balles im Verhältnis zur Linie im Aufsprungmoment genau erfaßt.

Dagegen reagiert das Auge im Ruhezustand schnell und genau bei Gegenständen, die in das Blickfeld eintreten. Um dann einen neuen Punkt zu fixieren, nämlich den Aufsprungpunkt des Balles, wird vom Auge nur noch eine äußerst kleine Winkelbewegung verlangt. Die exakte Lage des neuen Punktes kann somit schnell und richtig erkannt werden.

B8.2 Methoden

Es gibt nunmehr zwei Methoden, um die Lage des Balles zur Linie zu beurteilen. Eine Methode, die beim Aufschlagball angewendet werden sollte, verlangt, daß der Schieds- oder Linienrichter, wenn er sieht, daß der Spieler den Ball zum Aufschlag hoch wirft, die Aufschlaglinie fixiert oder das Gebiet unmittelbar dahinter.

Die zweite Methode, die in allen anderen Fällen angewendet werden sollte, beinhaltet, daß Schieds- oder Linienrichter die ganze Zeit den Ball mit dem Auge verfolgen und erst kurz vor dem Aufspringen das Auge zu dem Punkt voreilen läßt, wo er glaubt, daß der Ball aufspringen wird. Er verweilt dort, um voll konzentriert die Lage des Balls zur Linie genau entscheiden zu können. Je schneller der Ball, umso früher muß er dem Ball mit dem Auge voreilen; je langsamer der Ball, desto länger kann er ihn mit dem Auge verfolgen.

Unabhängig davon, welche Methode Du anwendest, merke Dir:

- Fixiere den Aufsprungpunkt
- Sei dabei nicht nachlässig
- Entscheide!

Entscheide sofort und bestimmt. In ganz schwierigen Fällen kann man einen Moment warten, um keine unüberlegte Entscheidung zu treffen - doch kaum länger als eine Sekunde. Entscheide nicht, ohne davon überzeugt zu sein. Man soll nie "Aus" oder "Fehler" rufen, bevor der Ball den Boden berührt hat, auch wenn es noch so klar ist, daß er ausgeht.

Der Linienrichter kann in der Regel richtige und schnelle Entscheidungen durch Augenkontakt mit dem Schiedsrichter absichern, wenn Bälle ganz nahe an der Linie zu entscheiden sind. Diese indirekte Abstimmung ist für den Schiedsrichter sehr wichtig, falls der Spieler die Entscheidung kritisiert oder danach fragt.

In kritischen Fällen oder wenn der Schiedsrichter selbst glaubt, daß Zweifel über eine Entscheidung berechtigt sind, kann nur dieser Dich auffordern, zu der fraglichen Stelle hinzugehen und den Abdruck des Balles zu kontrollieren. Daher ist es wichtig, daß Du Dir den Punkt genau merkst. Verliere den Punkt nicht aus dem Auge, wenn Du hingehst.

Entscheide! Es kann auch der Fall eintreten, daß Du selbst eine Kontrolle für nötig hältst. Im Prinzip solltest Du jedoch nur äußerst selten Deinen Stuhl verlassen, um einen Ballabdruck anzuschauen und dann auch nur mit Zustimmung des Schiedsrichters. Das gleiche gilt auch, wenn Du als Schiedsrichter alleine amtierst.

Solltest Du wirklich einen Fehler gemacht haben, den Du merkst und dessen Du Dir voll bewußt bist, dann ändere die Entscheidung sofort! Dieses mußt Du als Linienrichter dem Schiedsrichter unverzüglich anzeigen, so daß dieser nunmehr entscheiden kann.

Hebe den Arm hoch und rufe: "Berichtigung - der Ball war gut!" Sollte der Schiedsrichter Deinen Ruf nicht gehört haben, so mache ihn nochmals darauf aufmerksam.

Manchmal hat man als Linien- oder Schiedsrichter vielleicht Zweifel an seiner eigenen Entscheidung. Kommt dann ein schwer zu entscheidender Ball, so kann der Fall eintreten, daß man bewußt oder mehr unbewußt eine "Kompensations-" oder "Konzessionsentscheidung" treffen möchte. Bleibe dennoch hart! Gib nicht nach, entscheide eindeutig nach sachlicher Überzeugung!

Spieler, die glauben, daß sie einer Fehlentscheidung ausgesetzt sind, richten ihren Unmut und ihre ganze Verärgerung meistens gegen den zuständigen Linienrichter. Das kann durch Worte, Gesten oder durch Schlagen eines Balles in seine Richtung geschehen. Sollte derartiges passieren und der Schiedsrichter nichts davon merken und demgemäß nichts dagegen tun können, dann melde es ihm ausdrücklich.

B8.3 Psychologie des Linienkratzers

"Fällt der Ball auf eine Linie, so gilt er als auf das von der Linie begrenzte Spielfeld gefallen", so heißt es in Regel 22 und in Regel 9b ".....eine der Linien **berühren**, die dieses Feld begrenzen, ...". Ein Ball gilt daher auch dann als gut, wenn er nur die äußerste Kante der Linie berührt (tangiert).

Ausgehend von dieser Regel werden links in untenstehendem Bild einige Beispiele dargestellt. Die hier dargestellten Bälle sollen beim Aufsprung bestimmte Abdrücke 1 bis 6 hinterlassen haben. Die Abdrücke 1 bis 5 gelten als gut; Abdruck 6 dagegen ergibt beim Ballwechsel einen "Aus"-Ball beziehungsweise beim Aufschlag einen "Fehler".

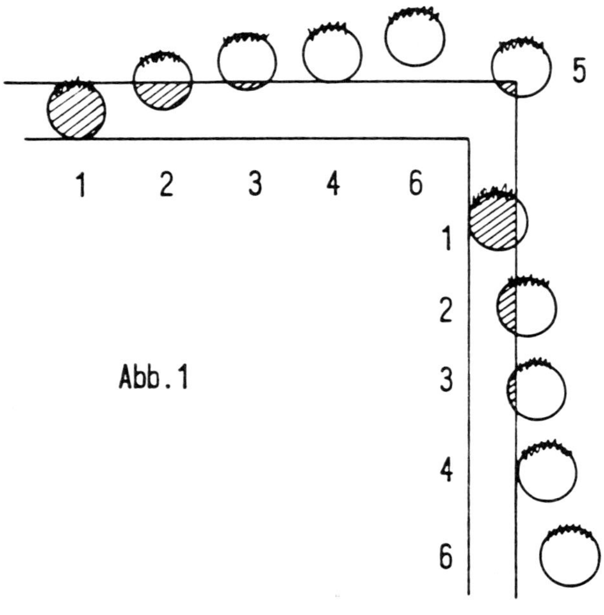

Abb.1

Abb.2

Bild 44

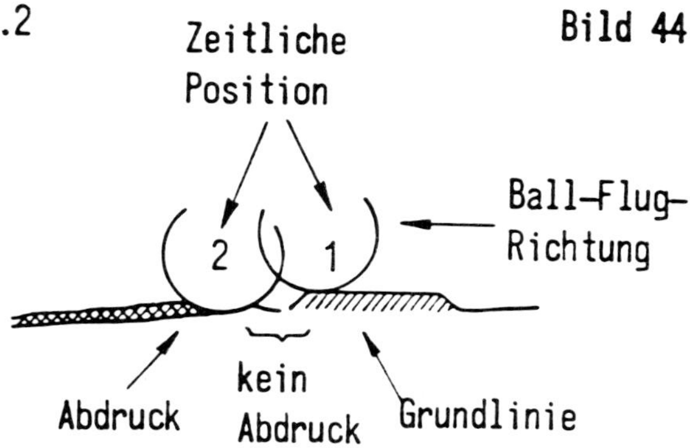

Demgegenüber ist in obenstehender Abbildung rechts ein besonders kniffliger Ball dargestellt:

Es kann z.B. der Fall eintreten, daß der sichtbare Abdruck einige Millimeter außerhalb der Linie liegt und der Ball dennoch gut war.

Das Beispiel betrifft eine Linie, die etwas erhöht aus der umgebenden Fläche hervorragt. Dies ist ein nicht ungewöhnlicher Fall, der bei Grundlinien oder Aufschlaglinien recht häufig auf Plätzen vorkommt, die nicht sehr sorgfältig gepflegt werden.

Ein schneller Treibschlag oder ein flacher Ball mit Unterschnitt berührt nur die alleräußerste Kante der Linie, bevor er den Boden berührt. Er hat, wie erklärt, die Linie und damit das Spielfeld berührt, gemäß Regel 22, obgleich der Abdruck außerhalb liegt. In vielen Fällen kann dieses am Aufsprungverhalten festgestellt werden, welches durch ein Abrutschen charakterisiert wird.

Solche Bälle richtig zu entscheiden, gehört sicher zum Schwierigsten, das einem Schieds- oder Linienrichter widerfahren kann. Hierbei wird nur ein sehr erfahrener Schieds- oder Linienrichter, der selbst über viel Ballgefühl verfügt, verhindern können, daß dem Spieler, der den Ball geschlagen hat, Unrecht angetan wird.

B9 Anleitungen für Schiedsrichter

B9.1 Schiedsrichter und Spieler treffen zusammen

Wenn Spieler und Schiedsrichter nicht bereits bei der Turnierleitung zusammentreffen, so soll der Schiedsrichter die Spieler auf dem Platz begrüßen und sich gegebenenfalls vorstellen. Er sollte sich von Spielern aus dem Ausland zweckmäßigerweise sagen lassen, wie man den betreffenden Namen ausspricht. Der Schiedsrichter soll die Spieler über die für den Wettkampf eventuell infragekommenden besonderen Bestimmungen informieren, z.B. ob und wann ein Ballwechsel vorgesehen ist, ob in allen Sätzen Tiebreak gespielt wird, über die Dauer der Einschlagzeit etc. Dieses ist besonders wichtig in der 1. Runde eines Turniers.

B9.2 Aufschlag- bzw. Seitenwahl

Die Aufschlag- bzw. Seitenwahl sollte vom Schiedsrichter ausgelost werden. Sollten die Spieler bereits gelost haben, so soll der Schiedsrichter das Ergebnis zur Kenntnis nehmen.

B9.3 Vorbereitung des Schiedsrichter-Blocks

Während der Einschlagzeit ist der Schiedsrichter-Block vorzubereiten, soweit dieses nicht bereits in der Turnierleitung geschehen ist. Gegebenenfalls ist vorsorglich einzutragen, ob und wann die Bälle gewechselt werden müssen. Sollte es zu einem Tiebreak kommen, in dem ein Wechsel der Bälle fällig wäre, so ist zu beachten, daß dieser Wechsel erst **nach** dem 1.Spiel des nächsten Satzes erfolgen darf, da sonst ein Spieler ggf. zweimal nacheinander den Vorteil hätte, mit neuen Bällen aufschlagen zu können. Im Hinblick auf eine eventuelle, spätere Unterbrechung ist es ebenso sinnvoll, bei jedem Spieler die Platzseite einzutragen, auf der er im ersten Spiel gestanden hat.

B9.4 Einschlagen

Um Schwierigkeiten bei der Einhaltung der festgesetzten Einschlagzeit zu vermeiden, ist es zweckmäßig, Zwischenansagen zu machen, z.B. "noch 2 Minuten" und "noch 1 Minute". Das Einschlagen folgt im Einvernehmen der Spieler untereinander im allgemeinen dem Schema:

. beide Spieler an der Grundlinie
. ein Spieler am Netz
. der andere Spieler am Netz
. beide Spieler proben Aufschläge

Beim Einschlagen hat der Schiedsrichter (und ggf. auch jeder Hilfsrichter) Gelegenheit, die Art der Schläge der Spieler zu beobachten. Das Auge des Schiedsrichters kann sich auf ganz bestimmte Bälle sozusagen "einschießen", was beim Beobachten des späteren Ballwechsels sehr nützlich sein kann (siehe auch Kapitel B8.2 "Methoden").

Der Schiedsrichter muß aber eingreifen, wenn die Spieler versuchen, die Einschlagzeit in die Länge zu ziehen.

B9.5 Ansage des Wettspiels

Gegen Ende der Einschlagzeit sollte das Wettspiel angesagt werden. Diese, wie jede andere Ansage, die der Schiedsrichter macht, sollte mit lauter und deutlicher Stimme erfolgen. Es ist zweckmäßig bei der Namensnennung einen Arm in Richtung des Spielers auszustrecken, so daß auch die Zuschauer sich informieren können. Die Ansage sollte z.B.- lauten:

"Herren-Einzel zwischen Herrn Schmetterer, TC Weiß-Blau, zu meiner Rechten und Herrn Bringer, TC Gelb-Schwarz, zu meiner Linken (Handzeichen!) um den "Geduld s-Cup". Es entscheidet der Gewinn von 2 Sätzen, ggf. im Tiebreak. Aufschlag: Herr Bringer".

Im Doppel ist es zweckmäßig, jeweils in den beiden ersten Spielen den Aufschläger mit dem Namen zu nennen. Dadurch ist auch der Zuschauer sofort informiert.

Die vorher beschriebene Ansage ist ein Zeichen für die Zuschauer, daß das Wettspiel beginnt, so daß sich im allgemeinen eine "Bitte um Ruhe" erübrigt.

B9.6 Sprechtechnik

Wenn das Wettspiel beginnt, muß sich der Schiedsrichter ganz auf das Spiel konzentrieren und seinen Seh- und Hörsinn so effektiv wie möglich schärfen. Ist man als Schiedsrichter unkonzentriert, so hat man Probleme bereits vorprogrammiert.

Der Schiedsrichter soll laut und deutlich sprechen. Es sollen Spieler **und** Zuschauer alle Ansagen gut verstehen. Besonders laut sind Aufschlagfehler und Bälle, die "aus" gehen, auszurufen. Erfahrungsgemäß respektieren die Spieler eher einen Schiedsrichter, der **laut** und **bestimmt** entscheidet, - auch wenn er mal einen Fehler macht, - als wenn er nur leise spricht und damit ein Gefühl der Unsicherheit vermittelt.

Der Schiedsrichter ist eine Informationsquelle für Spieler und Zuschauer. Das gilt ganz besonders bei Entscheidungen ungewöhnlicher Art oder in Fällen, in denen die Ursache nicht für jeden erkennbar ist.

Beispiel: Ein Ball geht ins "Aus", wurde aber von einem Spieler leicht berührt, der dadurch den Punkt verliert, den er sonst gewonnen hätte.

Für den Schiedsrichter gilt: Entscheide - und nenne den Grund für die Entscheidung!

Manchmal haben nicht einmal alle Spieler den Vorfall erkannt. Auch wenn aus irgend einem Grund ein Wiederholungs-Ball oder -Punkt angeordnet wird: Erläutere die Entscheidung!

B9.7 Ball im Spielfeld

Bei jedem Aufschlag soll der Schiedsrichter überprüfen, daß alles auf dem Platz in Ordnung ist und der Rückschläger bereit ist. Wenn nicht, so sollte er rufen: "Einen Moment bitte!"

Es kann z.B. ein Ball im Spielfeld liegen oder just vom Nebenplatz hereinrollen. Grundsätzlich sollte das ganze Spielfeld frei von Bällen sein. Sind Balljungen vorhanden, so sollte der Schiedsrichter diesen entsprechende Anweisungen geben. Anderenfalls kann man zulassen, daß Bälle am Platzrand liegen. Gemäß Regel 24, Fall 5, kann ein Spieler fordern, daß ein auf der Seite des Gegners im Spielfeld liegender Ball entfernt wird, jedoch nicht während des Ballwechsels.

Problematisch kann der Fall werden, wenn eine solche Forderung zwischen dem ersten und zweiten Aufschlag gestellt wird, z.B. wenn der erste Ball ins Netz geht und von dort ein Stück ins Spielfeld des Aufschlägers zurückrollt. Hier kann es eine Art Interessenkollision geben: Der Rückschläger beruft sich auf o.a. Regel, da er keine Bälle im Spielfeld sehen will; der Aufschläger möchte im Rhythmus des Aufschlags nicht gestört werden. Grundsätzlich kann der Rückschläger das Einhalten der Regel jederzeit fordern und wird dabei auch Unterstützung seitens des Schiedsrichters finden. Wird jedoch die Forderung über Spiele hinweg nicht gestellt und erst plötzlich, vielleicht bei einem für den Rückschläger kritischen Spielstand, so stellt sich für den Schiedsrichter gegebenenfalls die Ermessensfrage, ob eine "Behinderung" des Aufschlägers vorliegt, d.h. **Punkt** wiederholen lassen, also zwei Aufschläge.

B9.8 Fußfehler

Wurde kein Fußfehlerrichter eingeteilt, so ist es die Aufgabe des Schiedsrichters, Fußfehler anzusagen. Der Standort des Schiedsrichterstuhls ist für diesen Zweck nicht der günstigste, sodaß mitunter der Schiedsrichter einen Fußfehler nur schwer erkennen kann. Noch schwieriger wird es, wenn sehr schnell und hart aufgeschlagen wird, da der Schiedsrichter den Ball verfolgen und ihm sogar zur Aufschlaglinie mit dem Auge vorauseilen soll.

Daher kann des öfteren wohl oder übel nur "zu Gunsten des Angeklagten", d.h. **nicht** auf Fußfehler, entschieden werden. Wenn jedoch der Schiedsrichter - oder ein anderer Beauftragter - auf Fußfehler entscheidet, so hat der Spieler das Recht, Auskunft über die Art des Fehlers zu erhalten.

B9.9 Netzball beim Aufschlag - Aufschlagfehler

Wie schon oben angedeutet, soll der Schiedsrichter nicht zu lange auf den Aufschläger schauen, da er sonst den Ball nicht verfolgen kann. Es fordert also besondere Konzentration beim Aufschlag, um klar zu erkennen, ob der Ball beim Überfliegen des Netzes dieses berührt. Nicht immer ist das Geräusch allein ausreichend. Besonders im Doppel, wo zwei der Spieler meistens in Netznähe stehen, kann es zu unterschiedlichen Wahrnehmungen kommen.

Normalerweise soll sich der Schiedsrichter nicht von den Spielern beeinflussen lassen. Eine Ausnahme kann der Schiedsrichter hier zulassen, wenn er merkt, daß sich die Spieler über einen Netzball beim Aufschlag, den er nicht wahrgenommen hat, einig sind. Dann sollte er sofort eine Wiederholung ansagen, 1. oder 2. Aufschlag, je nachdem, um welchen es sich gehandelt hat, statt sich auf eine Prestigediskussion einzulassen.

Merkt der Schiedsrichter selbst, daß der Ball das Netz berührt hat, so soll er, bevor der Ballwechsel einsetzt, "Netz" rufen, wenn der Ball im übrigen gut ist. Geht ein Netzball aber nicht ins richtige Aufschlagfeld, so genügt der Ausruf "Fehler". Nach einem Doppelfehler ist, als Entscheidung über den Punkt, "Doppelfehler" zu rufen.

B9.10 Ball im Spiel - Allgemeines

Ist der Ball im Spiel (siehe Regel 17) und war der Aufschlag gut, sodaß der Ballwechsel beginnt, so soll der Schiedsrichter den Ball genau verfolgen (siehe hierzu auch Kap. B6 "Hinweise und Technik für Schieds- und Hilfsrichter"). Oft wird die Frage diskutiert, welche Linie vom Schiedsrichterstuhl am ungünstigsten einzusehen ist. Dies ist mitunter ein individuelles Problem. Im allgemeinen kann man feststellen, daß je weiter entfernt der Ball auf den Boden trifft, desto schwieriger ist es, ihn richtig zu beurteilen. Aber auch die am nächsten gelegene Aufschlaglinie kann ihre Tücken haben. Dies ist besonders bei harten, diagonalen Aufschlägen der Fall, die das Auge kaum verfolgen kann und die vielleicht die Seitenlinie treffen, aber unmittelbar hinter der Aufschlaglinie. Nicht immer können dann Abdrücke als Hilfsmerkmale dienen.

Eine ebenso tückische Linie ist die Aufschlagmittellinie. Harte und schnelle Aufschläge in der Parallele dazu sind ebenfalls oft sehr schwer zu entscheiden.

Schwierig sind andererseits auch zurückgespielte Bälle, die vom Spieler erst kurz vor dem zweiten Auftreffen auf den Boden erreicht werden. Dabei berührt der Spieler manchmal mit seinem Schläger den Boden, wodurch das entstehende Geräusch den Effekt vortäuscht, als hätte der Ball zum zweiten Mal den Boden berührt. Auch ohne dieses Geräusch ist die Entscheidung oft sehr schwierig. Ist der Schiedsrichter selbst ein erfahrener Spieler, so wird er es in solchen Fällen etwas leichter haben.

Ein ähnliches Problem stellte nach der alten Regel der "Doppelschlag" dar. Der neue Wortlaut läßt bestimmte Arten solcher Schläge jetzt zu, unter Berücksichtigung des Begriffes "absichtlich" oder nicht.

Auch eine Situation, die im Doppel eintreten kann, ist mitunter schwer zu übersehen. Ein Ball berührt nur ganz leicht einen der Partner oder z.B. dessen Schläger, während der andere den Ball returniert. Der Ball selbst kann dabei von dem ihn berührenden Spieler verdeckt worden sein. In solchen Fällen ist man oft nur auf die sportliche Fairness der Spieler selbst angewiesen.

B9.11 Im Zweifelsfall "für den Angeklagten"

In Zweifelsfällen liegt die Entscheidung ganz beim Schiedsrichter; es sei denn, die Spieler sind sich einig. Anderenfalls kann der Schiedsrichter oft in derartigen Situationen nur den Punkt wiederholen lassen.

Normalerweise soll der Schiedsrichter blitzschnell handeln und entscheiden, um nicht das Vertrauen der Spieler zu verlieren. Andererseits kann er ein Spiel auf Grund eines Fehlers nur unterbrechen, wenn er diesen sicher erkannt hat. Das heißt auch, daß alle Bälle gut sind, bei welchen der Schiedsrichter nicht sicher ist, daß sie nicht gut sind.

Gleichwohl gibt es Fälle, in denen es unmöglich ist, einen Ball zu entscheiden, z.B. wenn ein Spieler genau vor dem Auftreffpunkt am Boden gestanden hat und dem Schiedsrichter die Sicht dadurch total versperrt war. Dann kann der Schiedsrichter nur eine Wiederholung anordnen - es sei denn, ein Spieler verzichtet auf den Punkt. Ist das Ganze im Verlauf eines Ballwechsels geschehen, der von den Spielern fortgesetzt worden ist, so ist die Sache sozusagen "verjährt", d.h. die Spieler haben auf ihren Einspruch verzichtet.

B9.12 Soll der Schiedsrichter den Abdruck kontrollieren?

Es wurde bereits darauf hingewiesen, daß man auf Sandplätzen die Möglichkeit hat, durch den Abdruck des Balles besser entscheiden zu können. Das gilt vor allem bei den Linien in der Nähe des Schiedsrichterstuhls und ganz besonders bei Aufschlägen. Dennoch ist Vorsicht geboten! Man kann sich leicht täuschen. Sieht man sowohl am Abdruck - als auch an der Linie, - daß der Ball diese berührt hat, so ist es noch einfach. Liegt der Abdruck jedoch nur knapp hinter oder bei diagonal geschlagenen Bällen neben der Linie, so bedeutet das nicht in jedem Fall, daß es sich um einen "Fehler" oder "Aus"-Ball handeln muß (siehe auch Kap. B6 "Technik und Hinweise für Schieds- und Hilfsrichter").

Steige wenn irgend möglich niemals von Deinem Schiedsrichterstuhl, um den Abdruck zu prüfen. Fängt man als Schiedsrichter erst einmal damit an, so werden es die Spieler nunmehr bei jedem auch nur annähernd zweifelhaften Ball verlangen. Der Schiedsrichter ist ein "Stuhlrichter" und kein "Ab- und Aufstiegsrichter"; er soll seine Entscheidungen von seinem Stuhl aus treffen. Wenn er wirklich einmal davon eine Ausnahme machen will oder muß, dann nur bevor er einen Ball entscheidet! Dann muß er aber auch wissen, wo der Ball den Boden berührt hat, d.h. es geht nur noch um die "Millimeter". Der Abdruck scheint hinter der Linie zu liegen, doch kann der Schiedsrichter nicht erkennen, ob der Ball vielleicht doch die Linie ganz leicht berührt hat. Bei manchen Linien (besonders bei den Grundlinien) bildet sich oft ein kleiner "Abhang" hinter der Linie und wegrutschende Bälle vermitteln einen - manchmal irreführenden - Eindruck, als wären sie von der Linie abgerutscht (siehe auch Kapitel B8.3 "Psychologie des Linienkratzers"). Wenn aber der Schiedsrichter heruntersteigt, dann soll er das schnell tun, bevor die Spieler es verlangen, oder bevor sie anfangen, zu protestieren.

B9.13 Seitenwechsel

Bei Seitenwechsel muß der Schiedsrichter darauf achten, daß die Pausenzeit (90 Sekunden vom Ende des letzten Punktes an, bis zum nächsten Aufschlag) nicht überschritten wird. Steht keine Stoppuhr zur Verfügung, so hilft auch der Sekundenzeiger einer normalen Armband- oder Taschenuhr. In Wimbledon sagt der Schiedsrichter nach 60 Sekunden "time"; also genügt es wohl auch bei uns, "Zeit" zu sagen oder "noch 30 Sekunden". Sind die Spieler dann noch immer nicht bereit, kann der Schiedsrichter eine Ermahnung, oder im Wiederholungsfall eine Verwarnung, aussprechen. Es ist zweckmäßig, den Spielern vor Beginn des Matches zu erklären, welche Form der Erinnerung der Schiedsrichter anwendet.

Im Tiebreak werden die Seiten **ohne Pause** nach jeweils 6 Punkten gewechselt.

B9.14 Beratung von Spielern

Es sei hier deutlich auf den Wortlaut der Regel 32 verwiesen. Der Schiedsrichter hat darauf zu achten, daß keine unzulässige Beratung erfolgt.

In **Mannschaftswettkämpfen** darf der Spieler ausschließlich in der Pause beim Seitenwechsel und nur durch den Mannschaftsführer (oder dessen Stellvertreter) beraten werden. In **allen übrigen Wettspielen** darf ein Spieler keine Beratung entgegennehmen.

Wird dennoch ein Spieler unzulässigerweise beraten, so muß der Schiedsrichter das unterbinden und den **Spieler** verwarnen. Im Wiederholungsfall kann der Spieler disqualifiziert werden. Schwierig kann es werden, wenn der Schiedsrichter merkt, daß der Spieler selbst die Beratung abweist. Hier soll der Schiedsrichter ihn bei der Ablehnung unterstützen. Dabei ist es sicherlich besonders schwierig, wenn es sich um den Trainer oder die Angehörigen des Spielers oder der Spielerin handelt. Die Regel will jedoch nicht, daß ein Spieler bestraft wird, wenn plötzlich von draußen ein Zuschauer ruft: "Spiel mehr auf die Vorhand!". In einem solchen Fall sollte der Oberschiedsrichter oder der Turnierleiter gerufen werden, der sofort geeignete Maßnahmen zur Abstellung einer solchen Störung ergreifen kann.

Da beim Seitenwechsel im "Tiebreak" keine Pause gemacht werden darf (ausgenommen 30 Sekunden zwischen letztem Punkt und nächstem Aufschlag), darf auch in diesem Fall niemals eine Beratung erfolgen.

B9.15 30-Sekunden-Pause zwischen den Punkten

Auch hier hilft dem Schiedsrichter natürlich am besten eine Stoppuhr oder der Sekundenzeiger einer normalen Armband- oder Taschenuhr. Bevor die 30-Sekunden-Pausenregel eingeführt wurde, fiel es direkt auf, wenn ein Spieler versuchte, das Spiel zu verzögern. Nunmehr gewinnt man mitunter den Eindruck, als ob die Spieler versuchen würden, die 30 Sekunden möglichst bis zur letzten auszukosten. Daher sollte der Schiedsrichter, wenn er auch diesen Eindruck gewinnt, ruhig einmal intervenieren. Hält der Spieler jedoch beim kurzen Abtrocknen zwischen zwei Punkten die 30 Sekunden ein, so kann das nicht beanstandet werden.

B9.16 Spielunterbrechung

Es gibt eine Reihe von Unterbrechungsgründen, auf welche in Regel 31, Fall 1 bis 3, näher eingegangen wird. Zweifellos hat der Schiedsrichter hier eine seiner wichtigsten Ermessensgrenzen und damit aber auch eine besondere Verantwortung. Dieses ist besonders der Fall bei Verletzungen. Dabei ist jedoch zu beachten, daß Krampferscheinungen in der Regel ein Zeichen für den Verlust der körperlichen Kondition sind und keine besondere Unterbrechung rechtfertigen.

Der Schiedsrichter soll stets daran denken, bei allen Unterbrechungen, bei denen die Spieler den Platz verlassen (bei den Regeln entsprechenden Pausen nach dem 1., 2. oder 3.Satz; bei Regen, Dunkelheit etc.), auf dem Schiedsrichterblock die Uhrzeit für die Unterbrechung und den genauen Standort der Spieler zu vermerken. Auch sollte der Schiedsrichter die Bälle, mit denen gespielt worden ist, sicherstellen und es nicht den Balljungen überlassen. Wird das Spiel fortgesetzt, so muß dann, falls nicht sowieso ein Wechsel der Bälle vorgeschrieben wurde, mit den gleichen Bällen weitergespielt werden, wobei die Spieler ihre letzten Standorte wieder einzunehmen haben, es sei denn, daß gerade ein Seitenwechsel erforderlich war.

B9.17 Aufteilung der Verantwortung zwischen Oberschiedsrichter und Schiedsrichter

Alle Rechte und Pflichten im Hinblick auf die Abwicklung eines Wettkampfs sind auf Oberschiedsrichter und Schiedsrichter verteilt (vgl. DTB WSpO §§ 24;27;28).

Gegen Tatsachenentscheidungen des Schiedsrichters gibt es kein Einspruchsrecht. Unter "Tatsachen" werden hier die Ereignisse im Laufe des Wettspiels verstanden, wie z.B., ob ein Ball "Aus" ist oder nicht; ob ein Spieler so gestört war, daß ein Punkt wiederholt werden muß; ob ein Spieler absichtlich das Spiel verzögert hat; ob ein Spieler mit irgend etwas, das er trägt oder hält, das Netz berührt hat, während der Ball im Spiel war u.s.w.

Grundsätzlich entscheidet der Oberschiedsrichter endgültig über Regelfragen, d.h. wenn es um die **Auslegung** der Regeln geht. Das könnte z.B. der Fall sein, wenn der Schiedsrichter eine Pause beim Seitenwechsel im Tiebreak für **zulässig** erklärt; wenn der Schiedsrichter einen Rückschlag im Einzel, der das Netz zwischen Einzelstütze und Netzpfosten berührt hat, **nicht** als Fehler wertet; wenn der Schiedsrichter bei Beratung eines Spielers zwischen zwei Punkten **nicht** eingreift, obwohl der Gegner dieses beanstandet u.s.w.

Ist eine Regelfrage zu klären, so muß die Berufung an den Oberschiedsrichter **unverzüglich** erfolgen. Wird weitergespielt und besinnt sich ein Spieler erst zu einem späteren Zeitpunkt auf eine Berufung, so muß der Oberschiedsrichter diese als unzulässig verwerfen, auch wenn im Grunde genommen der Spieler im Recht gewesen wäre.

Zuständigkeiten Schiedsrichter - Oberschiedsrichter Bild 45

(Kurzfassung)

Pos.	Regel/ DTB WSpO	Schiedsrichter	Oberschiedsrichter
9.17.1	30/§§24a/27f-h endgültige Entscheidung		
	a) im Wettspiel	in Tatfragen endgültig	in Fragen der Regelauslegung endgültig
	b) über Abbruch	kein Entscheidungsrecht	alleiniges Entscheidungsrecht; endgültig
9.17.2	31 Unterbrechungen:		
	Seitenwechsel	endgültige Entscheidung ggf. Ausschluß	kein Entscheidungsrecht
	Verletzung	nach Ermessen endgültige Entscheidung; ggf. Ausschluß	kein Entscheidungsrecht
9.17.3	§ 24 e) Ausschluß auf Grund von unsportlichem Verhalten	kein Entscheidungsrecht	alleiniges Entscheidungsrecht; endgültig
9.17.4	§ 24 c) Ballwechsel	kein Entscheidungsrecht	alleiniges Entscheidungsrecht; endgültig Ausnahme: WSpB der Landesverbände
9.17.5	§ 24 d) Einsetzen bzw. Abberufen von ...-Richtern	kein Entscheidungsrecht	alleiniges Entscheidungsrecht; endgültig

B9.18 Abändern von Entscheidungen ("Overruling")

Es soll hier auch noch kurz etwas über das in Regel 30, Absatz 2, verbriefte Recht des Schiedsrichters gesagt werden, die Entscheidung eines Hilfsrichters abändern zu können. Ist der Schiedsrichter davon überzeugt, daß der Linienrichter eine **klare Fehlentscheidung** getroffen hat, so ist es die Pflicht des Schiedsrichters, diese abzuändern. Klar heißt in diesem Zusammenhang nicht nur, daß der Ball um soundsoviel Zentimeter falsch gesehen wurde, sondern insbesondere, daß der Schiedsrichter überzeugt davon ist, daß falsch entschieden wurde. In solchen Fällen gilt es, schnell zu handeln und möglichst, bevor einer der Spieler Protest anmeldet, die Fehlentscheidung zu berichtigen.

In diesem Zusammenhang sei darauf hingewiesen, daß Regel 30, Absatz 3, wo es um das Recht des Oberschiedsrichters geht, eine Entscheidung des Schiedsrichters bzw. eines Hilfsrichters abzuändern, nur bei solchen Mannschaftswettkämpfen gilt, bei welchen der besagte Oberschiedsrichter **während der ganzen Dauer** des betreffenden Wettspiels auf dem Platz auf einem besonderen Stuhl vor dem Schiedsrichter sitzt (z.B. beim Davis-Cup, Kings-Cup etc.).

B9.19 Zusammenarbeit Linienrichter-Schiedsrichter

Hat der Schiedsrichter zusätzlich Linienrichter oder andere Hilfsrichter zur Seite und fängt ein Spieler an, mit diesen zu diskutieren, so muß der Schiedsrichter sofort eingreifen. Die Spieler sind überhaupt nicht berechtigt, mit den Linien- oder anderen Hilfsrichtern zu diskutieren. Sie haben sich bestenfalls an den Schiedsrichter selbst zu wenden, wenn sie etwas vorbringen wollen.

Wenn ein Linienrichter einen an sich guten Ball als "Aus" entscheidet, ist das Problem nicht ganz so schwierig. Das Spiel ist damit unterbrochen und der Schiedsrichter hat unfreiwillig einen Augenblick "Bedenkzeit", um in aller Ruhe einen Beschluß zu fassen.

Merkt der Schiedsrichter jedoch während des Ballwechsels, daß ein Ball "Aus" war, jedoch vom Linienrichter kein "Aus"-Ruf erfolgte, dann gibt es meistens Schwierigkeiten. Der Schiedsrichter blickt zwar zunächst zum Linienrichter, doch es kommt kein Zeichen oder verspäteter Ruf. Dann erst ist der Schiedsrichter in der Lage, "Aus" zu rufen. Inzwischen geht der Ballwechsel vielleicht weiter und es scheint auch keiner der Spieler auf die "Fehlentscheidung" - nämlich den unterlassenen "Aus"-Ruf, zu reagieren. Natürlich ist es dann einfach, zu denken: "Hat ja keiner etwas gemerkt" oder "Habe mich vielleicht geirrt" und alles scheint ganz einfach zu sein, wenn man nuf ja den Mund hält.

Aber was geschieht, wenn der eine Spieler im Anschluß an den verlorenen Ballwechsel und Punkt kommt und sich beklagt, daß der Ball "ja längst aus war" oder in einem anderen Fall: "Das war doch vorher ein Doppelfehler?!" Und wenn dann der Schiedsrichter weiß, daß der Spieler Recht hat und es von seiner, des Schiedsrichters Unschlüssigkeit abhing, daß der Spieler den Punkt, das Spiel und vielleicht den Satz oder noch viel schlimmer, das ganze Match verloren hat - was dann?

Um eine solche Situation zu vermeiden, muß der Schiedsrichter, wenn er von dem Fehler des Linienrichters überzeugt ist, eingreifen - und zwar so schnell wie möglich -, aber auch dann noch, wenn der Linienrichter auf den "Augenkontakt" überhaupt nicht reagiert. Noch besser ist es in diesem Fall, sofort zu rufen, wenn vom Linienrichter nichts zu hören ist. Ist der Linienrichter wirklich nur etwas spät "aufgewacht", sodaß der Schiedsrichter **und** der Linienrichter fast gleichzeitig rufen, so entsteht wenigstens kein größerer Schaden.

B9.20 Disziplinarprobleme

Ein dunkles Kapitel in der Ausübung des Schiedsrichteramtes bleibt auch einem noch so guten und gewissenhaften Schiedsrichter kaum erspart, nämlich seine Reaktion auf Spieler, die sich eines groben Verstoßes gegen den sportlichen Anstand schuldig machen oder durch Worte oder Handlungen ihrer Mißbilligung gegenüber dem Schiedsrichter wiederholt oder in verletzender Weise Ausdruck geben.

Im allgemeinen finden die meisten Wettkämpfe in einer guten Atmosphäre statt und bereiten keine derartigen Probleme. Dennoch lassen sich Spieler mitunter gehen, meistens in Form eines Protests gegen eine Schiedsrichter- oder Linienrichterentscheidung oder auch weil sie sich über sich selbst ärgern, wenn das Spiel nicht so läuft, wie sie es sich vielleicht erträumt haben.

Da über den Wortlaut in der DTB WSpO, § 24e, hinaus keine näheren Bestimmungen zu diesem Thema erlassen worden sind, müssen Schiedsrichter wie Oberschiedsrichter in entsprechenden Fällen selbst die Ermessensgrenze abstecken.

Im folgenden Kapitel wird der Versuch gemacht, einen "Maßnahmenkatalog" als Leitfaden zusammenzustellen. Aus verständlichen Gründen kann dieser Abschnitt keinen Anspruch auf Vollständigkeit erheben und ebensowenig als "Patentrezept" gelten.

Eine Ermahnung ist die "schwächste" Form einer Rüge beim Eingreifen des Schiedsrichters, z.B. sollte er von dieser Möglichkeit ruhig Gebrauch machen, wenn er merkt, daß ein Spieler bei fast jedem Seitenwechsel auf den Gegner einredet, obwohl dieser sich das verbittet. Im Wiederholugsfall kann sogar sofort eine Verwarnung angebracht sein.

Ein anderer der genannten Fälle soll auch erläutert werden: Das Wegschlagen eines Balles, der nicht im Spiel ist, d.h. nach gespieltem Punkt. Auch hier ist die Ermessensgrenze sehr individuell zu sehen. Der Schiedsrichter muß nicht bei jeder Gelegenheit eine Ermahnung oder Verwarnung aussprechen. Es kommt auch auf den Zusammenhang an, wann ein Ball irgendwohin geschlagen wird, z.B. wenn es aus Ärger über eine Schiedsrichterentscheidung erfolgt oder weil der Spieler den Ball nicht mehr erreicht hat, der zum letzten Punkt führte. Über den letzten Fall könnte der Schiedsrichter hinwegsehen, es sei denn, es artet in eine Gewohnheit aus und stört den Ablauf des Spiels oder eventuell andere Spiele auf den Nachbarplätzen.

Sollte durch das Wegschlagen des Balles jemand gefährdet worden sein, z.B. ein Zuschauer, Balljunge oder Linienrichter, so **muß** der Schiedsrichter sofort eingreifen und den Spieler verwarnen. Auch bei anderen Handlungen, z.B. wenn Spieler ungebührliche Ausdrücke lauthals über den Platz schreien, ist ein Eingreifen des Schiedsrichters erforderlich.

Im Kapitel B9.21 wird ebenfalls etwas über die Vorgehensweise bei einer Verwarnung oder einer Disqualifikation gesagt. Der Schiedsrichter sollte sich nicht scheuen, grobe Verstöße an die jeweils zuständige Sportaufsicht zu melden. Es muß in diesem Zusammenhang bemängelt werden, daß man immer wieder Kritik hört, wie schlecht manche Spieler sich benehmen und daß doch endlich einmal durchgegriffen werden müßte! Wenn man dann aber mal die Frage stellt, an wen der "Kritikus" den Vorfall denn gemeldet hat und zwar ganz konkret mit Einzelheiten und Zeugen, erlebt man nur noch ein Achselzucken.

Die Regeln selbst beinhalten, wie schon erwähnt, zwei Bestimmungen disziplinarischer Art. In der Regel 21 wird die "Behinderung" des Gegners angesprochen. Folgende Situation ist nicht ungewöhnlich: Während eines Doppels fängt der am Netz stehende Partner des Rückschlägers an, herumzuspringen und zu gestikulieren, immer wenn der Gegner zu seinem Aufschlag ansetzt. Es ist offenkundig, daß die Absicht dahintersteckt, den Aufschläger zu stören. Hier verliert der behindernde Spieler den **Punkt**, weil die Handlung **absichtlich** geschieht.

Das Problem der "Unterbrechungen" wird in der Regel 31 behandelt. Dabei geht es vor allem um die Verzögerung zwischen den Aufschlägen und die Überschreitung der 30- bzw. 90-Sekunden-Pausen. Auch hier sollte bei der ersten Überschreitung eine Ermahnung ausgesprochen werden, bevor noch ein härteres Mittel wie z.B. Verwarnung oder Disqualifikation angewendet werden.

Ein vom Schiedsrichterstandpunkt aus besonders schwer zu behandelndes Disziplinarproblem entsteht beim Protest gegen seine Entscheidung. In der Regel wäre dann eine Ermahnung am Platz. Ob aber der Schiedsrichter auch immer fest davon überzeugt ist, daß er richtig entschieden hat? Es ist garnicht so einfach gegen einen Spieler vorzugehen, der sich ungerecht behandelt fühlt, insbesondere dann, wenn der Schiedsrichter selbst verunsichert ist. Oder es äußern sich die "Proteste" des Spielers mehr in passiver Form, z.B. durch hörbares, demonstratives Stöhnen oder auch durch vielsagende Blicke in alle Richtungen. Kommt dann auch noch eine bewußt schleppende Gangart dazu, so ist durchaus die Anwendung der Regel 31c zu empfehlen, wobei wiederum die Frage, ob hier besser eine Ermahnung oder Verwarnung angebracht ist, davon abhängt, wie sich der Spieler vorher verhalten hat.

B9.21 Maßnahmenkatalog bei Störungen und unsportlichem Verhalten

a) Störungen und unsportliches Verhalten sollen vom Schiedsrichter gerügt werden.

a1) Folgende Fälle sollen zu einer **Ermahnung** des Spielers führen:

- Diskussion über die Entscheidung des Schiedsrichters oder Hilfsrichters
- Werfen des Schlägers
- Werfen oder Wegschlagen eines Balles, der nicht im Spiel ist
- unhöfliche Bemerkungen über Schiedsrichter oder Hilfsrichter
- Anrufen der Zuschauer im Hinblick auf die Entscheidungen von Schieds- oder Hilfsrichtern
- bewußtes Verzögern des Spielablaufs
- Streit mit Balljungen

a2) Folgende Fälle sollen zu einer **Verwarnung** führen:

- wiederholte oder provokante Vergehen in oben genannten Fällen.
- Streit mit Oberschiedsrichter, Schiedsrichter oder Hilfsrichter.
- anstößige Flüche oder Bemerkungen
- bewußte Unterbrechung des Wettkampfs zwecks Diskussion mit Oberschiedsrichter, Schiedsrichter und Hilfsrichter im Hinblick auf die Entscheidung der Letztgenannten.

a3) Nach erfolgter Verwarnung kann in einem Wiederholungsfall eine **Disqualifikation** des Spielers erfolgen (siehe DTB WSpO § 24e, bzw. Regel 31, letzter Satz).

b) Maßnahmen im einzelnen anläßlich einer Verwarnung oder bei Disqualifikation eines Spielers:
- Die Verwarnung oder die Disqualifikation hat mündlich zu erfolgen. Beide Maßnahmen müssen sowohl für Spieler als auch für Zuschauer unmißverständlich sein.

- Der Schiedsrichter, der die Verwarnung bzw. die Disqualifikation ausgesprochen hat, hat dieses auf dem Schiedsrichterblock bzw. im Spielbericht zu notieren.

- Die Sportaufsicht ist getrennt von dem Vorfall zu unterrichten.

- Bei besonders schweren Verstößen ist auch die Disziplinar- bzw. Rechtskommission des betreffenden Verbandes zu unterrichten.

B9.22 Empfehlungen für die Abwicklung beim "Spiel ohne Schiedsrichter"

In Zusammenhang mit diesem Thema sei auf eine grundsätzliche Bestimmung in der DTB WSpO, §26 hingewiesen:

"Jedes Wettspiel muß von einem Schiedsrichter beaufsichtigt werden, es sei denn, die an dem Wettspiel Beteiligten einigen sich auf ein Spiel ohne Schiedsrichter. Die Teilnehmer eines Turniers sind verpflichtet, auf Ersuchen des Turnierleiters oder seines Beauftragten das Schiedsrichteramt zu übernehmen".

Darüberhinaus kann es ergänzende Festlegungen in den Landesverbänden geben, wie z.B. im Bayerischen Tennisverband in BTV WSpB §27.

Für alle Spieler heißt das ganz eindeutig, daß trotz Vereinbarung zwischen Spielern zu Beginn des Wettspiels, ohne Schiedsrichter spielen zu wollen, jeder Spieler jederzeit später das Recht hat, zu verlangen, daß ab einem bestimmten Zeitpunkt nachträglich ein Schiedsrichter eingesetzt wird.

Für ein "Spiel ohne Schiedsrichter" sollten jedoch für dessen Dauer folgende Hinweise Beachtung finden:

1. Jeder Spieler bzw. jedes Doppelpaar ist für Tatsachenentscheidungen auf seiner Seite zuständig.

2. Ist ein Spieler außerstande, einen Ball auf seiner Seite zu entscheiden, oder sind die Doppelpartner über eine Entscheidung auf ihrer Seite uneinig, so muß der Punkt dem Gegner zugesprochen werden, es sei denn, dieser verzichtet freiwillig zu Gunsten der für die Entscheidung zuständigen Partei.

3. Berührt der Ball beim Aufschlag das Netz, so kann jeder Spieler auf dem Platz dieses ansagen.

4. Können sich die Spieler nicht darauf einigen, wer den Spielstand ansagt (zählt), so ist dieses Aufgabe des Aufschlägers.

5. Zuschauer dürfen für Tatsachenentscheidungen nur hinzugezogen werden, wenn alle Spieler auf dem betreffenden Platz einverstanden sind; anderenfalls gelten ausschließlich Ziffer 1. und 2.

C AUSGEWÄHLTE REGELFRAGEN UND KOMMENTARE

bayern tennis

Offizielles Organ des Bayerischen Tennis-Verbandes

Dr. J. Hacks

Die Regeln und die Wettspielordnung

Fragen
Entscheidungen
Diskussionen

C1 Ball trifft was? - Ball fliegt wie?

Hier sind ein paar Hinweise, zunächst über den Ball, der irgendetwas trifft. Wenn den Fragen eine Regel oder ein Kommentar der ITF (der internationalen Tennisföderation) direkt zugeordnet werden kann, ist die Nummer angegeben.

- Mit den "ständigen Einrichtungen" ist meist alles klar. Werden sie vom zurückgeschlagenen Ball getroffen, z.B. der Zaun, der Schiedsrichterstuhl, ein Telefondraht über dem Platz, und fällt der Ball dann ins richtige Feld, war der Ball trotzdem aus! (Regel 20b)
- Schwieriger ist es mit dem Netz und den Netzpfosten oder mit den Einzelstützen. Hier ist eine Berührung während des Ballwechsels durch den Ball unschädlich. Nur beim Aufschlag gilt der Pfosten (oder die Einzelstütze) als "ständige Einrichtung". Der berührende Aufschlagball ist daher ein Fehler. Beim Berühren der sonstigen Netzteile durch den Aufschlagball gibt es Wiederholung, wenn der Ball anschließend ins Aufschlagfeld fällt (Regel 10c, 14 und 24a).

- Ein Spieler, der weit hinter der Grundlinie steht und dem der Ball im Spiel auf den Fuß fällt, verliert oft zu seinem Ärger den Punkt. Er darf mit Körper oder Kleidung den Ball nicht berühren. Das gilt auch, wenn ihn ein Aufschlagball vor der Bodenberührung trifft. (Der Ball war ja "im Spiel"!)
  Mit dem Griff des Schlägers darf man den Ball übers Netz befördern. Mit der Hand nicht! (Regel 18a und 20g)

- Wenn der Schläger bei der Ballberührung nicht in der Hand des Spielers ist, wenn er ihn also nach dem Ball wirft, ist der Punkt verloren, auch wenn der Ball noch im richtigen Feld landet (Regel 20h).
- Auch der arme Vogel gehört hierher, der im Fluge vom Ball getroffen wird. Bei diesem glücklicherweise seltenen Ereignis hat man sich geeinigt, den Ball wiederholen zu lassen (Regel 25, Fall 7).

- Jetzt fehlt noch der Gegenstand, der im Spielfeld am Boden liegen kann und der vom Ball getroffen wird. Ist dieser Gegenstand ein Ball, so ist in den Regeln alles klar ausgesprochen (Regel 24e). Der Spieler muß versuchen, den Ball trotzdem zurückzuschlagen. Es besteht nun kein Grund, einen anderen im Spielfeld liegenden Gegenstand anders zu behandeln, z.B. die heruntergefallene Mütze des Spielers oder den Programmzettel eines Zuschauers. Liegt der getroffene Gegenstand im Feld, ist der Ball gut und muß zurückgeschlagen werden; liegt er außerhalb des Feldes, so ist der Ball aus.
  Nur, wenn der Gegenstand erst während des Ballwechsels ins Feld gelangt, wie der vom Wind ins Feld gewehte Programmzettel oder die verlorene Mütze, dann ist der Punkt zu wiederholen (Regel 25, Fall 7).

- Jetzt noch der Doppelschlag. Trifft der Ball nach Berührung des Schlägers anschließend noch ein zweites Mal den Rahmen oder einen anderen Teil des Schlägers, so ist das unschädlich, wenn der Doppelschlag unabsichtlich in Ausführung des Schlages geschah. Das ist eine neue Festlegung seit 1979 (Regel 20d).

Manche Bälle können ungewöhnliche Flugbahnen haben, ohne daß der Ballwechsel beendet ist, z.B.:

- Der Ball kann von jedem Punkt außerhalb des Feldes zurückgeschlagen werden, wenn er nach Überqueren des Netzes nur einmal oder noch garnicht aufgesprungen ist. Manchmal läuft ein Spieler die seitliche Tribüne hinauf, um einen Schmetterball abzufangen.

- Mann darf auch den Ball ganz flach über den Boden außen um den Netzpfosten herum schlagen (Regel 24c).

- Reicht ein Netz nur bis zur Einzelstütze oder knapp dahinter, und besteht eine Lücke bis zum Pfosten, so kann man, wenn man geschickt ist, auch zwischen Pfosten und Einzelstütze hindurchspielen, wenn der Außenpfosten (der dann eine "ständige Einrichtung" ist) dabei vom Ball nicht berührt wird (Regel 24, Anmerkung).

- Der Ball muß ja im Moment des Schlages das Netz bereits überquert haben. Im Moment des Schlages darf man nicht über das Netz langen (Regel 20f). Manchmal wird eine wichtige Ausnahme vergessen. Es kommt garnicht so selten vor, daß bei starkem Wind oder wegen starken Rückwärtsdralls der Ball nach dem Aufspringen von alleine in das Feld des Schlagenden zurückspringt. Dann muß man manchmal über das Netz langen, um den Ball noch zu berühren. In diesem Fall darf man ausdrücklich über das Netz langen. Gelingt die Berührung nicht, hat man den Punkt verloren (Regel 24b)

C2 Der Oberschiedsrichter beim Mannschaftskampf, sein Einsatz in der Praxis *)

Bei den Verbandsspielen im Bayerischen Tennisverband (BTV) ist grundsätzlich ein Oberschiedsrichter (OSR) beteiligt. Seine Rechten und Pflichten sind im Wesentlichen im §25 der BTV-Wettspielbestimmungen und in Regel 30 zusammengefaßt. Es folgen hier einige Hinweise für die Anwendung dieser Bestimmungen in der Praxis.

Wer ist der OSR?
Die Sportaufsicht, also der Sportwart des Bezirks oder des Landesverbands, wird von sich aus nur in ganz seltenen Fällen einen neutralen OSR bestellen. Es kann aber vorkommen, daß einer der beteiligten Vereine die Sportaufsicht darum bittet. Das könnte z.B. der Fall sein, wenn bei früheren Wettkämpfen der Vereine Streitigkeiten vorgekommen sind. Der anfordernde Verein muß dann für die Kosten des OSR aufkommen. Es gibt auch die Möglichkeit, daß sich die beiden Mannschaftsführer auf einen OSR ihres Vertrauens einigen. Das wird dann geschehen, wenn eine besonders sachverständige Person zur Verfügung steht.

Für die überwiegende Zahl aller Wettkämpfe gibt es jedoch zwei weitere Möglichkeiten:

A) Der Heimverein bestimmt seinen Schiedsrichterobmann oder dessen Stellvertreter, wenn diese bei Saisonbeginn in der Mannschaftsmeldung dem BTV benannt wurden und am betreffenden Tage nicht selbst an einem Mannschaftswettkampf beteiligt sind. Bestimmt der Heimverein keinen Schiedsrichterobmann, so ist

B) der Mannschaftsführer des Gastvereins OSR.

---

*)Nur gültig für Wettspiele, die nach den Wettspielbestimmungen des Bayerischen Tennisverbands e.V. ausgetragen werden!

Es ist zwingend vorgeschrieben, daß die Namen des OSR und eines Vertreters vor Spielbeginn in das Spielprotokoll eingetragen werden. Für etwaige spätere Proteste ist das von Bedeutung. Ein Spielprotokoll ohne Namen des OSR ist unvollständig; es kann ein Bußgeld verhängt werden. Als Vertreter wird der OSR möglichst eine Person benennen, die nicht zur gleichen Zeit im Einzel kämpft, was dann eine Rolle spielt, wenn ein Mannschaftsführer OSR ist.

Spielbeginn

Der OSR hat bei Spielbeginn die Aufstellungen der Mannschaften für Einzel und Doppel entgegenzunehmen und zu überprüfen, wenn er nicht bei der Aufstellung bereits beteiligt war. Vor allem die korrekte Doppelaufstellung (BTV WSpB §17) ist zu kontrollieren.

Der OSR muß die Anwesenheit der Spieler zum Zeitpunkt des Wettkampfbeginns prüfen und die Spielerpässe durchsehen, wenn ihm nicht alle Spieler persönlich bekannt sind. Er fordert dazu die Mannschaftsführer auf, die Mannschaftsmeldungen vorzulegen, die sie bei sich haben müssen (BTV WSpB §26.2).

Er hat dafür zu sorgen, daß nur die Spieler in die Einzelaufstellung aufgenommen werden, die tatsächlich anwesend sind. Teilen die Mannschaftsführer dem OSR mit, daß sie sich darauf geeinigt haben, einem oder mehreren Spielern eine Verspätung zuzugestehen, so trägt der OSR dies in den Spielbericht ein.

Platzanlage

Der OSR hat die Platzanlage auf Spielfähigkeit zu überprüfen.

Er entscheidet, ob die Bodenverhältnisse ein Spielen ermöglichen. Er entscheidet, ob Unterbrechungen erforderlich oder sogar Abbruch und Neuansetzung des Wettkampfes nötig sind (BTV WSpB §22).

Schiedsrichter

Ist der Einsatz von Schiedsrichtern von der Sportaufsicht vorgeschrieben (z.B. in der Oberliga), so setzt der OSR die ihm vom Heimverein und von der Gastmannschaft vorgeschlagenen Schiedsrichter ein. Es ist nicht etwa die Aufgabe, auf fremder Anlage geeignete Personen des Heimvereins herbeizuschaffen (BTV WSpB §27.2). Gelingt es ihm nicht, vom Heimverein Schiedsrichter benannt zu erhalten, so ist wohl ein Hinweis darauf empfehlenswert, daß er auch beteiligte Spieler benennen kann und er das Recht hat, diese vom Wettkampf auszuschließen, wenn sie sich weigern sollten, zu schiedsrichtern (BTV WSpB §25.3e). Die Drohung, das zu tun, ist meistens erfolgreich.

Sind im Einzelfalle Hilfsrichter, z.B. ein Fußfehlerrichter oder Linienrichter für die Aufschlaglinie erforderlich, so werden sie ebenfalls vom OSR eingesetzt.
Erweist sich, nach Auffassung des OSR, einer der Schiedsrichter als ungeeignet, so kann er vom OSR – und nur vom OSR – durch einen anderen ersetzt werden.

Entscheidungen

Der OSR soll bei Zweifeln über die Auslegung von Regeln angesprochen werden; seine Entscheidung ist maßgebend. Er ist aber grundsätzlich nicht dazu berechtigt, Tatsachenentscheidungen von Schiedsrichtern oder, beim Spiel ohne Schiedsrichter, von dem zuständigen Spieler zu ändern. Noch ohne Gesetzeskraft, aber nach allgemeiner Handhabung, ist der zuständige Spieler der, auf dessen Platzseite die Tatsachenentscheidung zu treffen ist. Ein OSR kann, ohne selbst eine Tatsachenentscheidung zu treffen, auf diese Handhabung hinweisen und damit Streitigkeiten regeln. Er wird gegebenenfalls darauf hinweisen (BTV WSpB §27.1), daß jeder Spieler immer das Recht hat, einen Schiedsrichter anzufordern.

Ausschluß eines Spielers
Es gibt Situationen, in denen ein Spieler durch den OSR vom weiteren Wettkampf augeschlossen werden muß. Die wichtigsten Fälle sind:

a) Der Spieler überschreitet die 30- bzw. 90-Sek.-Frist der Regel 31 auch nach eindeutiger Verwarnung. Diese Maßnahme ist an sich dem betreffenden Schiedsrichter übertragen. Beim Spiel ohne Schiedsrichter muß der OSR diese Aufgabe übernehmen.

b) Der Spieler weigert sich, wie oben erwähnt, das Amt eines Schiedsrichters zu übernehmen.

c) Der Spieler verstößt grob gegen den sportlichen Anstand. Das wird immer der Fall sein, wenn er sich zu Tätlichkeiten gegenüber dem Gegner oder gegen den Schiedsrichter hinreißen läßt. Es genügt aber auch, wenn er einen Beteiligten in grob verletzender Weise beleidigt. Die Entscheidung dazu hat der OSR zu treffen.

Während im Falle a) nur das gerade laufende Match betroffen ist, der Spieler also in einem späteren Doppel wieder eingesetzt werden kann, gilt der Ausschluß in den Fällen b) und c) für den Mannschaftskampf. Der Ausschluß ist der Sportaufsicht zu melden, die den Verstoß der jeweiligen Rechtskommission gegebenenfalls zur weiteren Bestrafung übergeben wird.

Proteste
Wird von einem der beteiligten Vereine in Verbindung mit einem Mannschaftskampf ein Protest eingelegt, so kann die Aussage des OSR als Zeuge von großer Bedeutung sein. Er wird sich daher Notizen machen und den Tatbestand festhalten.
Es können aber auch Proteste gegen eine Entscheidung eines OSR eingelegt werden, wenn sie nach Auffassung einer Mannschaft offensichtlich falsch und für den Ausgang des Wettkampfes von wesentlicher Bedeutung war. Die Rechtskommission des BTV ist der Auffassung, daß hier ein Unterschied gegenüber der Handhabung bei Einzelturnieren besteht, wo die Entscheidung eines OSR bei der Auslegung von Regelfragen unantastbar ist. Das ergibt sich aus dem unterschiedlichen Charakter von Mannschaftskämpfen und Einzelturnieren.

Regelkenntnisse

Aus dem Aufgezeigten ist wohl klar, daß der OSR bei den Verbandsspielen im BTV eine wichtige Funktion hat. Als Konsequenz ergibt sich die Notwendigkeit für alle Vereine, ihre potentiellen Oberschiedsrichter zu schulen, ihnen die Wettspielbestimmungen und die Regeln nahezubringen, und auch jeder einzelne Spieler, der ja ohne weiteres in die Lage kommen kann, z.B. als Vertreter des Mannschaftsführers, OSR zu sein, wird den Ehrgeiz haben müssen, in der Regelkenntnis fit zu sein.

C3 Die Doppel im Mannschaftskampf *)

Jeweils zum Saisonbeginn startet eine ganze Reihe von Nachwuchssportwarten und Mannschaftsführern mit einem für sie neuen Amt. Die Regelspalte versucht, einige Hinweise zu geben. Erfahrungsgemäß schadet es auch den etwas älteren Hasen nicht, die Nase mit hineinzustecken.

In einem Mannschaftskampf dürfen nach den BTV-Wettspielbestimmungen Einzel- und Doppelspiele von verschiedenen Spielern bestritten werden. Diese müssen jedoch grundsätzlich in der gleichen Ranglistenmeldung des Vereins nach Spielstärke aufgeführt sein. Gemäß dieser Aufstellung erhalten die am Doppel Teilnehmenden die Platzziffern 1-4 oder 1-6.

Vor Beginn des Wettkampfes werden die Doppelmeldungen ausgetauscht. Dabei muß ein weiter unten aufgeführtes Doppel in der Summe der Platzziffern mindestens gleich oder aber größer sein, als ein davor gemeldetes. Haben alle Doppel gleiche Platzziffernsumme, also 1/4 und 2/3 bei Vierermannschaften oder 1/6, 2/5 und 3/4 bei Sechsermannschaften, so darf bei vier Spielern Nr.1 nicht im zweiten Doppel, bei sechs Spielern die Nr.1 nicht im dritten Doppel aufgestellt werden.

Ersatzspieler beim Doppel
Ganz wichtig ist nun, daß die vor Wettkampfbeginn eingetragenen Doppelspieler keineswegs auch tatsächlich spielen müssen. Jeder einzelne von Ihnen kann bis zum Beginn seines Spieles durch irgendeinen anderen, in der zum Saisonbeginn eingereichten Rangliste des Vereins aufgeführten, Spieler ersetzt werden, der nicht bereits in der Doppelmeldung des betreffenden Wettkampfes eingesetzt ist.

---

*)Nur gültig für Wettspiele, die nach den Wettspielbestimmungen des Bayerischen Tennisverbands e.V. ausgetragen werden!

Bedingung: Die Platznummer dieses Ersatzmannes aus der Rangliste des Vereins muß größer sein als die des ersetzten Spielers. Also wird beispielsweise die Nr.1 durch Nr.25, die Nr.2 durch die Nr.3 ersetzt. (Vorausgesetzt ist wieder, daß weder Nr.3 noch Nr.25 bereits für die Doppelspiele gemeldet war. Ein Mitwirken beim Einzel hat damit nichts zu tun!)

Der Einwand, daß durch das nahezu beliebige Ersetzen von starken Spielern durch schwächere die Spielstärkereihenfolge der Doppel völlig durcheinander geraten kann, ist stichhaltig. Die Überlegung beim Einführen der Bestimmung (BTV WSpB §17.1d) war u.a. die, daß z.B. eine Mannschaft, deren Nr.1 beim Einzel verletzt wird, nicht zusätzlich dadurch geschädigt wird, daß die anderen Doppel aufrücken müssen.

Ein Grundsatz: Der ersetzte Spieler braucht nicht anwesend zu sein!

Fehlerhafte Doppelmeldung

Wird vor Beginn des ersten Einzelspieles bemerkt, daß die Doppelaufstellung nicht den genannten Bestimmungen entspricht, so sind **beide** Mannschaften berechtigt, neu aufzustellen. Wird der Fehler später bemerkt, so ist das Doppel verloren, bei dem die Summe der Rangziffern niedriger ist als die eines vorhergehenden, bzw. das letzte, wenn der Spieler Nr.1 mitgewirkt hat.

Anwesenheit von Doppelspielern

Doppelspieler müssen erst zu Beginn ihres Spieles auf der Anlage sein. Fehlen sie zu diesem Zeitpunkt und können sie nicht durch einen dahinter rangierenden ersetzt werden, so ist das Doppel verloren (Aber nur dieses, nicht etwa die dahinter gemeldeten!)

C4 Kleinere Probleme mit ständigen Einrichtungen

Ständige Einrichtungen (STE) sind sämtliche festen Gegenstände um das Spielfeld herum, also vor allem Zäune, Tribünen, Hallendächer, Stühle sowie die Leute, die ständig darauf sitzen. Dazu gerechnet werden ferner das Netz mit seinen Bestandteilen und die Pfosten (gebenenfalls die Einzelpfosten). Aber Vorsicht! Für sie gelten besondere Bestimmungen!

Berührt der Ball im Spiel eine STE, **bevor** er im Feld des Gegners aufgesprungen ist, verliert der den Ball schlagende Spieler den Punkt; geschieht das **nachher**, so gewinnt er ihn.

Handelt es sich jedoch bei der STE um das Netz mit Bestandteilen oder um einen Pfosten (Einzelpfosten beim Einzel), die der Ball beim **Rückschlag** berührt, so ist der Rückschlag gut, wenn er im richtigen Feld landet.

Leider gibt's wieder die Ausnahme von der Ausnahme. Berührt ein **Aufschlagball** den Pfosten (oder den Einzelpfosten beim Einzel), so ist es ein Aufschlagfehler (Angesprochen sind die Regeln 2, 10c, 14a, 20b, 23, 24a, 24c, 25).

Dazu einige Hinweise:

- Der Ball, der den Schiedsrichterstuhl berührt und dann ins richtige Feld springt, ist nach dem oben Gesagten aus, auch wenn die eine Hälfte aller Tennisspieler das nicht glauben will.

- Das gilt natürlich auch, wenn er den Schiedsrichter trifft. Problematisch wird's, wenn der Schiedsrichter den Ball fängt. Ist das z.B. bei einem hochfliegenden Ball der Fall, so kann man unter Umständen argumentieren, der Ball wäre wegen seines Dralls oder wegen des Windes noch im Feld gelandet, was eine Wiederholung des Balles erforderte und nun viel Ärger mit dem Gegner gibt. Deshalb Schiedsrichter: Weg mit den Händen vom Ball!

- Ein Balljunge, der sich auf dem ihm zugewiesenen Platz befindet, der also am Netzpfosten oder am Zaun kniet oder steht, ist STE. Für einen am Netzpfosten stehenden Balljungen, der den Arm hebt und einen Ball fängt, gilt wieder: Das kann Ärger geben! Insbesondere im Doppel können parallel zur Außenlinie fliegende Bälle soviel Seitendrall haben, daß der nicht aufgefangene Ball noch ins Spielfeld gekurvt wäre. Im Zweifel "für den Betroffenen" und Wiederholung des Balles gemäß Regel 25.

- Läuft ein Balljunge herum, so ist er keine STE, sondern mehr eine störende Einrichtung, und der Schiedsrichter muß entscheiden, ob Behinderung vorliegt.

- Der Spieler selbst darf mit Körper oder Schläger, während der Ball im Spiel ist, STE'en berühren, allerdings wiederum nicht die vertrackten Ausnahmen: Das Netz mit Zubehör und die zum Spiel gehörenden Pfosten. Übrigens auch nicht den Boden im Spielfeld des Gegners. Auch der geworfene Schläger darf das nicht! Im Einzelspiel mit Einzelstützen darf man den Doppelpfosten und den Teil des Netzes zwischen Einzel- und Doppelpfosten berühren (Ich finde es nicht besonders zweckmäßig, daß die Regeln beim Netz und bei den Pfosten von ständigen Einrichtungen sprechen, wo doch fast nur Ausnahmen für sie gelten. Der ganz feste Spielfeldboden wird ja auch nicht dazu gerechnet).

- Ein Telefondraht, der über den Platz gespannt ist, gilt sehr zum Ärger betroffener Spieler auch als STE. Es scheint viele Telefondrähte zu geben, weil man so oft von wichtigen Punkten hört, die verlorengingen, weil der Ball den Draht getroffen hat.

- Zwar lose, aber immerhin, gehört die heruntergefallene Mütze des Spielers, die vom Ball getroffen wird, zu unserem Thema. Ist sie auch so eine Art STE? Darüber ist bei den Regelleuten viel diskutiert worden. Hier gibt es nur rationale Möglichkeiten zu entscheiden. Der Gegner darf grundsätzlich nicht benachteiligt werden. Der Mann mit der Mütze hat gegebenenfalls für den Schaden aufzukommen. Liegt die Mütze im Feld, so darf der Spieler versuchen, zurückzuschlagen. Bei einem im Feld liegenden Ball, der auch nicht zum Ballwechsel gehört, ist das genau so. Liegt die Mütze außerhalb der Linien, so ist der auftreffende Ball aus. Liegt sie auf der Linie, so ist es schwer zu entscheiden und der Schiedsrichter wird wiederholen lassen.

C5 Nimm einen – Nimm zwei?

Es gibt einen Bereich innerhalb der Regeln, der manchmal auch erfahrene Turnierspieler oder sogar routinierte Schiedsrichter zögern läßt. Dabei handelt es sich keineswegs um ausgefallene Fragen, sondern einfach darum, wann ein Aufschläger, der einen Fehler geschlagen hat, noch einen oder zwei Aufschläge oder gar keinen zugesprochen bekommt, wenn nämlich das Spiel auf irgendeine Weise beeinträchtigt wurde.

Hier sind einige Möglichkeiten:

1. Spieler X schlägt beim Spielstand 30:15 irrtümlich von rechts auf. Fehler. Jetzt wird der Irrtum bemerkt.
Entscheidung: X schlägt sofort von links auf. Er hat **einen** weiteren Versuch (Regel 11).

2. Nach einem Seitenwechsel schlägt X auf. Fehler. Erst jetzt wird bemerkt, daß der Gegner Y servieren müßte.
Entscheidung: Y schlägt sofort auf; er hat **zwei** Aufschläge.

3. Nach einem Aufschlagfehler von X wird bemerkt, daß eigentlich Doppelpartner Y aufschlagen müßte.
Entscheidung: Y schlägt weiter auf. Er hat noch **einen** Versuch.

4. Nach einem Aufschlagfehler von X wird bemerkt, daß eigentlich Z aus dem gegnerischen Doppelpaar aufschlagen müßte.
Entscheidung: Z schlägt weiter auf. Er hat **zwei** Versuche.

Zu den Fällen 1 bis 4 muß man sich merken, daß alle vor dem Feststellen eines Irrtums gespielten Punkte zählen.
Ein Aufschlagfehler wird der eigenen Partei angelastet, der gegnerischen aber nicht.

5. Bei einem 2.Aufschlag von X läßt der Gegner den Ball passieren und stellt fest, daß er nicht bereit war.
Entscheidung: X hat **einen** weiteren Aufschlag.
Die Entscheidung ist plausibel, da sich der Aufschläger sonst durch einen überraschend plötzlichen 2.Aufschlag einen neuen 1.Aufschlag verschaffen könnte.

6. Der Schiedsrichter kann einen 2.Aufschlag nicht entscheiden.
Entscheidung: Der Spieler hat **einen 2.**Aufschlag (Regel 13a).

7. Der Schiedsrichter ruft bei einem 2.Aufschlag "Fehler", korrigiert sich aber und gibt den Aufschlag gut. Der Rückschläger hat den Ball passieren lassen.
Entscheidung: Der Aufschläger bekommt **zwei** neue. Der Ball war im Spiel. Der Ballwechsel wurde durch den Ruf des Schiedsrichters behindert. Der Punkt muß neu gespielt werden.

8. Ein 2.Aufschlag ist gut, aber der Rückschläger fängt den Ball mit der Hand, weil ein anderer Ball in das Spielfeld rollt.
Entscheidung: Der Aufschläger bekommt **zwei** neue. Der Ball war im Spiel; der Punkt wird wiederholt.

9. Der Schiedsrichter ruft bei einem 1.Aufschlag "Fehler". Der Aufschläger will diese Entscheidung nicht anerkennen. Er streitet eine Weile mit dem Schiedsrichter und will dann wegen dieser Unterbrechung zwei neue.
Entscheidung: **Ein** weiterer Aufschlag. Er hat die Unterbrechung selbst verursacht.

10. Beim Zurückschlagen eines fehlerhaften 1.Aufschlags reißt dem Rückschläger eine Saite. Er läuft zum Schiedsrichterstuhl, um einen Ersatzschläger zu holen. Der Aufschläger will zwei neue.
Entscheidung: **Zwei** neue. Es ist zwar ohne Verschulden, aber immerhin durch den Gegner eine Verzögerung entstanden, die nicht zu den üblichen gehört, mit denen ein Aufschläger zwischen den Aufschlägen rechnen nuß.

11. Beim fehlerhaften 1.Aufschlag reißt dem Servierenden eine Saite. Der Aufschläger holt am Netz einen Ersatzschläger und möchte wegen der Unterbrechung zwei neue.
Entscheidung: Nur **ein** weiterer Aufschlag. Der unbeteiligte Rückschläger darf keinen Nachteil erleiden.

Der Leser wird zustimmen, daß es sich hier nicht immer um ganz triviale Regelfragen handelt. Vielleicht erleichtert diese Zusammenstellung, die Dinge etwas systematischer zu betrachten, was wohl zur besseren Merkbarkeit beiträgt.

C6 Sünden am Netz

Gemeint sind hier natürlich nicht die Sünden auf schlagtechnischem Gebiet, sondern gemeint sind die Regelverstöße, und da gibt es bekanntere und auch weniger bekannte.

Darf man über das Netz reichen?
Ja, man darf! Wenn man den Ball gerade nicht spielt, darf man beliebig über das Netz reichen. Das Netz darf dabei nicht berührt werden und auch der Boden im Feld des Gegners nicht, und der Gegner selbst darf nicht behindert werden (Regel 21, Fall 2).

Grundsätzlich ist es verboten, über dem Feld des Gegners zu vollieren. Der Ball muß das Netz passiert haben, bevor man den Flugball schlägt. Dabei können sogar Teile des Rahmens über das Netz schauen, wenn der Ball in sehr spitzem Winkel fast parallel zum Netz geschlagen wird. Der Treffpunkt Ball-Bespannung kann trotzdem auf der Platzseite des den Flugball schlagenden Spielers sein. Nach dem Abflug des Balles darf die Schlägerfläche wieder über das Spielfeld des Gegners ausschwingen.

Bei Bällen, die im richtigen Feld aufspringen, gibt es wohl kaum Probleme mit dem "über das Netz reichen", aber manchmal doch. Es kommt garnicht so selten vor, daß ein Ball, weil er sehr starken Rückwärtsdrall besitzt oder weil starker Wind weht, wieder ins Feld des zuletzt schlagenden Spielers zurückspringt. Gelingt es dem Rückschläger nicht, den Ball noch zu berühren, bevor er wieder am Boden ist, verliert er den Punkt. Nach Regel 24b darf er dabei über das Netz reichen. Warum auch nicht, es ist ja kein Volley. Besonders geschickten Rückschlägern gelingt es dabei manchmal, den Ball von der Gegnerseite aus ins Netz zu befördern, wogegen nichts einzuwenden ist.

Wann darf man das Netz berühren?
Berührt ein Spieler das Netz, z.B. weil er mit der Fußspitze hineingerutscht ist, dann kommt es entscheidend darauf an, **wann** das geschah. Ist der Ball im gegnerischen Feld gelandet, aber noch nicht zum zweiten Mal aufgesprungen (oder gegen eine "ständige Einrichtung" geprallt), oder kann ihn der Gegner zurückschlagen, dann verliert er den Punkt. Geschieht die Netzberührung später, also nach zweimaligem Aufsprung, so gewinnt er ihn.

Formal gesagt, der Ball darf "nicht mehr im Spiel sein". Entsprechend der Regel 17 bedeutet das etwa, daß der Partner des Aufschlägers oder der des Rückschlägers beim Doppel, der seinen Schläger auf die Netzkante gelegt hat, den Punkt in dem Augenblick verliert, in dem der Ball den Schläger des Aufschlägers verläßt. Und das auch dann, wenn der Aufschlag als Fehler geschlagen wurde.

Wo endet das Netz?
Beim Einzel endet das Netz bei den Einzelstützen, wenn nicht, wie bei größeren Turnieren ein kurzes Einzelnetz verwendet wird, bei dem die Pfosten im Abstand von einem Yard von den inneren Seitenlinien entfernt aufgestellt sind. Bei Verwendung von normalen Doppelnetzen sind die Teile des Netzes außerhalb der Einzelstützen und die Doppelpfosten "ständige Einrichtungen des Platzes". Sie dürfen während des Ballwechsels vom Spieler oder von seinem Schläger berührt werden. Ein Ball, der sie berührt, ist aus! Ist das Netz sehr kurz, und klafft zwischen Einzelstütze und Doppelpfosten eine Lücke, und gelingt es einem Spieler, den Ball zwischen den beiden hindurchzuschlagen, so ist ein solcher Rückschlag gut.

Wurde versäumt, Einzelstützen aufzustellen, so ist das ganze Netz Einzelnetz, denn es ist ganz unmöglich, während eines Ballwechsels festzustellen, ob ein Ball, der das Netz berührt hat, dies links oder rechts von einem fiktiven Aufstellungsort einer Einzelstütze getan hat. Ein Rückschlag, der den Netzpfosten trifft und im richtigen Feld landet, ist dann gut; ein Aufschlag unter den gleichen Voraussetzungen ein Fehler, wie es sonst beim Spielen mit Einzelstützen entsprechend der Fall ist (Regeln 24a und 10c).

Aufmerksame Beobachter von Regeldiskussionen werden vielleicht feststellen, daß sich der Autor hier im Gegensatz zu einer Meinung befindet, die der bekannte Regelexperte in den USA, Jack Stahr, im Juli-Heft 1978 von "World Tennis" vertreten hat. Er akzeptiert tatsächlich einen fiktiven Aufstellungsort der Einzelstütze. Mir scheint das nach dem oben Gesagten nicht praktikabel.
Konsequenterweise müßte man bei einem Platz, bei dem irgendwann einmal festgestellt wurde, daß er um 10 cm zu lang abgemessen wurde, alle Bälle, die im Bereich von 10 cm vor der Grundlinie aufspringen, "aus" geben. An diesem Beispiel wird wohl noch klarer, daß so etwas nicht geht.

D SCHIEDSRICHTERPRÜFUNG

Im Folgenden soll für diejenigen Interessenten im Bayerischen Tennisverband oder in anderen Landesverbänden, die ähnliche Pläne haben, der Rahmen für das Konzept einer Schiedsrichterausbildung mit entsprechender Prüfung skizziert werden.

D1 Ausbildung

Es wird erwartet, daß sich die Interessenten zur Ablegung der Prüfung alle erforderlichen Kenntnisse, hinsichtlich des theoretischen Teils im Selbststudium und bezüglich der Praxis im Rahmen ihres Clubs, durch einen möglichst häufigen Einsatz als Schiedsrichter aneignen. Dazu soll neben den jährlich in den Verbänden erscheinenden Regeln und Ordnungen auch die Ihnen vorliegende Fibel dienen.

D2 Kategorie, Zertifikat

"Bezirks-Schiedsrichter", Ausweis BSR.
"Verbands-Schiedsrichter", Ausweis VSR.

Im Lauf der Jahre 1982/83 wird mit der Stufe "Bezirks-Schiedsrichter"(BSR) begonnen. Diese Stufe ist später Voraussetzung für die Zulassung zur Prüfung für die nächste Kategorie "VSR".

D3 Anforderungen

Bezirks-Schiedsrichter: Mindestalter 14 Jahre zum Stichtag (31.12. des Vorjahres). Anmeldung durch Tennisabteilung bzw. -Club, unter Vorlage einer Bestätigung über erfolgreichen praktischen Einsatz als Schiedsrichter im Clubrahmen.

Verbands-Schiedsrichter: Mindestalter 16 Jahre zum Stichtag (wie oben); Vorlage eines gültigen BSR-Ausweises. Anmeldung durch Bezirks-Schiedsrichterobmann auf Antrag von Tennisabteilung bzw. -Club. Schriftlicher Nachweis über eine mindestens zweijährige Praxis als "Bezirks-Schiedsrichter", durch Tennisabteilung bzw. -Club oder Bezirk ausgefertigt.

D4 Organisation

Wer im Besitz eines gültigen Ausweises der BSR- bzw. VSR-Kategorie ist, ist zugleich Mitglied der Schiedsrichtersektion im Bayerischen Tennisverband (BTV). Die Möglichkeiten für seinen Einsatz werden in der Schiedsrichterordnung des BTV geregelt.

D5 Prüfung

Die Prüfungen für die Zertifikate BSR bzw. VSR sind in der Lehr- und Prüfungsordnung des BTV geregelt. Sie werden vorwiegend nur an Samstagen durchgeführt und setzen sich zusammen aus einem theoretischen und einem praktischen Teil. Einleitend steht den Prüflingen eine begrenzte Zeit zu einer Diskussion aktueller Fragen zur Verfügung.

D6 Vergütung, sonstige Vergünstigungen

Die Vergütung richtet sich nach den vom Verbandstag beschlossenen Sätzen; für darüber hinausgehende sonstige Vergünstigungen sind die betreffenden Absprachen mit den jeweiligen Veranstaltern zu beachten.

E BILDMATERIAL-VERZEICHNIS

Die nachstehend aufgeführten Bilder Nr. 1 bis 41 befinden sich im Kapitel A1 der Fibel; für die übrigen sind die zugehörigen Kapitel in der rechten Rubrik in Klammern () angegeben.

Bild-Nr.	Thema	ITF-Regel bzw. Fibel-Kap.
15	Aufschlag; Wechsel der Position vergessen	9a
16	Aufschlagfehler; Fall 1,2	10b,c
17	Spielbereitschaft	12
18	Wiederholungen; Fall 1,2	13
19	Ungültiger Aufschlag	14a
20	Punkt für den Aufschläger	18a
21	Punktverlust; Fall a),b1),b2)	20a,b
22	Punktverlust; Fall c),d)	20c,d
23	Punktverlust; Fall e),f)	20e,f
24	Punktverlust; Fall g),h)	20g,h
25	Punktverlust; Fall 1,2	20e
26	Punktverlust; Fall 3,4	20e
27	Punktverlust; Fall 5,6	20e,h,g
28	Punktverlust; Fall 7.1),7.2),7.3)	20g,c
29	Behinderung des Gegners; Fall 1,2	21
30	Linienball (Beispiele)	22
31	Ball berührt "ständige Einrichtung"; Fall 1	23
32	Guter Rückschlag; Fall a),b)	24a,b
33	Guter Rückschlag; Fall c),d), e1),e2)	24c,d,e1/2

Bild-Nr.	Thema	ITF-Regel bzw. Fibel-Kap.
34	Guter Rückschlag; Fall 1,2,3	24a,e(10c)
35	Guter Rückschlag; Fall 4,5	24
36	Behinderung; Fall 1,7	25
37	Behinderung; Fall 4,6	25
38	Unterbrechungen; Fall 1,2	31
39	Reihenfolge beim Aufschlag; Doppelspiel	36
40	Reihenfolge beim Rückschlag; Doppelspiel	37
41	Aufschlagfehler; Doppelspiel	40
42	Hilfsrichter-Einteilung und -Standort	(B6.5)
43	Alternativen beim Hilfsrichtereinsatz	(B6.5)
44	Psychologie des Linienkratzers	(B8.3)
45	Zuständigkeiten Schiedsrichter-Oberschiedsrichter	(B9.17)

Achtung!

Das gesamte Bildmaterial ist für Unterrichts- und Vorführzwecke in Form von Overhead-Projektionsfolien verfügbar. Anfragen über Bestellungen und Preis sind zu richten an:

Verlag Sigi Land
Ysenburgstraße 8
8000 München 19
Tel. 168671

F INFORMATIONSMITTEL-UND BEZUGSQUELLEN-VERZEICHNIS

Die nachstehend aufgeführten Anschriften deutscher Tennisverbände sollen es Lesern und Interessenten ermöglichen, sich über die dort vorliegenden Druckschriften, Bücher oder weiteres Informationsmaterial zum Thema "Tennis" zu informieren und dieses ggf. zu bestellen.

Das betrifft in erster Linie die einschlägigen, in jedem Jahr aktualisiert erscheinenden Tennisregeln der ITF, und die bei den Landesverbänden speziell gültigen Wettspielordnungen oder -bestimmungen.

Dieses Verzeichnis erhebt keinen Anspruch auf Vollständigkeit und kann nur als unverbindliche Empfehlung gelten.

Anschriften:

Deutscher Tennis Bund e.V.
Zeißstraße 13
3000 Hannover 81
Tel. (0511) 83 09 61

Badischer Tennisverband e.V.
Sportzentrum Leimen, Jahnstraße, Postfach 1230,
6906 Leimen/Heidelberg
Tel. (06224) 7 37 91

Bayerischer Tennisverband e.V.
Brienner Straße 50
8000 München 2
Tel. (089) 52 01 51 bzw. 52 44 20

Berliner Tennisverband e.V.
Berner Straße 24
1000 Berlin 45

Hamburger Tennisverband e.V.
Dunlop-Haus, Hallerstr. 89
2000 Hamburg 13
Tel. (040) 44 50 78 bzw. 44 50 79

Hessischer Tennisverband
Auf der Rosenhöhe 64
6050 Offenbach/Main
Tel. (0611) 83 70 85

Tennisverband Mittelrhein e.V.
Geibelstraße 2
5000 Köln 41
Tel. (0221) 40 75 44

Tennisverband Niederrhein e.V.
Kaiserstraße 22
4050 Mönchengladbach 1
Tel. (02161) 18 20 49

Niedersächsischer Tennisverband e.V.
Postfach 1130
3202 Bad Salzdetfurth
Tel. (05063) 1044 bzw. 1045

Tennisverband Nordwest
Heymelstraße 8
2800 Bremen 1
Tel. (0421) 3 67 51

Tennisverband Rheinland-Pfalz-Saar
Eisenbahnstraße 41/43
6600 Saarbrücken 1
Tel. (0681) 58 18 50

Tennisverband Schleswig Holstein
Beseler Allee 41
2300 Kiel 1
Tel. (0431) 56 36 13

Westfälischer Tennis-Verband e.V.
Am Schwimmbad 6
4618 Kamen
Tel. (02307) 7 30 60

Württembergischer Tennisbund e.V.
Wilhelmstraße 4 A
7000 Stuttgart 1
Tel. (0711) 24 13 57

G STICHWORT-VERZEICHNIS

Das vorliegende Verzeichnis soll ein schnelles Aufsuchen bestimmter Textstellen ermöglichen. Dabei wird sowohl auf die Abbildungen bestimmter Spielsituationen, als auch auf andere, erläuternde Textstellen in den Kapiteln hingewiesen. In Klammern () gesetzte Zahlen verweisen auf die entsprechenden "Aufgaben, Fragen" bzw. zugehörige "Lösungen, Antworten", zu welchen kein Bildmaterial vorhanden ist.

In der Rubrik "Andere Quellen" wird auf die ITF-Tennisregeln (ITFR..) bzw. auf die Wettspielordnung des Deutschen Tennis Bundes e.V. (DTB§..) Bezug genommen, auf deren Wiedergabe in der Fibel bewußt verzichtet wurde. Zur Beschaffung dieser Unterlagen kann gegebenenfalls das in Kapitel "E" aufgeführte "Informationsmittel- und Bezugsquellen-Verzeichnis" dienen.

Stichwort	Zugehöriger Text Fibel Kapitel (Frage)	Andere Quellen
- Springen	A2(10)	
- Stellung vor dem	A1Bild10,11	ITFR 7
- wechsel		ITFR15
- Wiederholung	A1Bild11, 18,19 A2(13)(54) A2(61)	ITFR13 ITFR14
Aufschlagfehler	B9.9	ITFR10
- Doppelnetzpfosten	A1Bild16,34 A2(4)R10c C1/C4	ITFR10
- Doppelspiel	A1Bild41	ITFR40
- Einzelstütze;-netzpfosten	A1Bild16 A2(4)R10c C1/C4	ITFR10
- ständige Einrichtung	A1Bild16 A2(4)R10c C1/C4	ITFR10
Aufschlagfeld	A1Bild 1	ITFR 1
Aufschlaglinie	A1Bild 1	ITFR 1
Aufschlagmittellinie	A1Bild 1	ITFR 1
Aufschlagreihenfolge	A1Bild14 A2(17)	ITFR38
Aufschlagrichter		
- Standort	B6.5	
Aufschlagseitenlinie	A1Bild 1	ITFR 1
Aufschlagwahl	A1Bild 8,9 B9.2	ITFR 6
Aufsprungpunkt (Ball)	B8.2	

Stichwort	Zugehöriger Text Fibel Kapitel (Frage)	 Andere Quellen
Paßordnung	C2/F	
Pausen		ITFR31
- nach Satz (10 Minuten)	A2(63)	
- Seitenwechsel (90 Sek.)	A2(64) B9.13	
- zwischen Punkten (30 Sek.)	B9.15	
Platzanlage; -zustand (Unterbrechung)	B9.16	ITFR30
- Oberschiedsrichter (Bayerischer Tennisverband)	C2	
Position		
- Hilfsrichter	B6.3	
- Partner im Doppel	A1Bild40	ITFR37
- Spieler beim Aufschlag	A1Bild10,11 14,15	ITFR11 ITFR38
- Spieler beim Rückschlag	A1Bild 5,7, 40	ITFR 5
- Spieler betritt Platzhälfte des Gegners	A1Bild 6,23 26	ITFR 5 ITFR20
Protest		
- Berufung an Oberschiedsrichter;	B9.17	DTB§27 ITFR30
- Berufung an Rechtskommission (Bayer. TV)	C2	
- Frist	B9.17	DTB§27
- gegen Linien- oder Schiedsrichterentscheidung	B9.20	ITFR30
Protokoll (Spielbericht)	B9.21b	

Stichwort	Zugehöriger Text Fibel Kapitel (Frage)	Andere Quellen
Rückschlag "gut"		ITFR24
- Ball außen am Pfosten vorbeispielen	A1Bild32a, 33c/C1	
- Ball im Spielfeld	A1Bild33,34 C1	
- Ball innen am Pfosten vorbeispielen	A1Bild32a, 33c/C1	
- Ball springt übers Netz zurück	A1Bild32b C1/C6	
- Ball trifft Ball im Spielfeld	A1Bild33,34 C1	
- Ball trifft Netzpfosten	A1Bild32,34 C1	
- Ball beidhändig geschlagen	A1Bild34	
- Spieler benutzt gleichzeitig 2 Schläger	A1Bild35	
- Spieler reicht über das Netz	A1Bild23,32 33/C1/C6	
Rückschlagreihenfolge	A1Bild40 A2(17)R39	ITFR37 ITFR39
Rückschlagwahl		ITFR 6